Gertraude und
Clemens Steindl

Ruhestand
für
Anfänger

Unser Weg in eine
neue Lebensphase

Tyrolia-Verlag · Innsbruck-Wien

Nachhaltige Produktion ist uns ein Anliegen; wir möchten die Belastung unserer Mitwelt so gering wie möglich halten. Über unsere Druckereien garantieren wir ein hohes Maß an Umweltverträglichkeit: Wir lassen ausschließlich auf FSC®-Papieren aus verantwortungsvollen Quellen drucken, verwenden Farben auf Pflanzenölbasis und Klebestoffe ohne Lösungsmittel. Wir produzieren in Österreich und im nahen europäischen Ausland, auf Produktionen in Fernost verzichten wir ganz.

Mitglied der Verlagsgruppe „engagement"

4. Auflage 2024
© 2012 Verlagsanstalt Tyrolia, Innsbruck
Umschlaggestaltung: graficde'sign pürstinger, Salzburg
Layout und digitale Gestaltung: Tyrolia-Verlag, Innsbruck
Druck und Bindung: FINIDR, Tschechien
ISBN 978-3-7022-3166-8
E-Mail: buchverlag@tyrolia.at
Internet: www.tyrolia-verlag.at

Vorwort

Oft werden wir gefragt, wie es uns mit dem Älterwerden geht. Ob wir uns so alt fühlen, wie wir sind. Wir meinen, dass wir erst wirklich alt sind, wenn wir nichts mehr vorhaben. Noch stecken wir voller Pläne, empfinden unseren Ruhestand als überaus „aktiv", um nicht das abgegriffene Wort vom Unruhestand zu verwenden. Wir sind dankbar, überhaupt so alt geworden zu sein, und wollen die verbleibende Zeit gut nutzen.

Als wir Freunden erzählten, wir hätten *gemeinsam* ein Buch geschrieben, ernteten wir nur ungläubiges Staunen. Wie kann das denn gehen, fragten sie uns, und bemerkten sogleich, dass es wohl sehr schwierig sei, sich auf einen gemeinsamen Text zu einigen.

Diese Schwierigkeit sahen wir auch von Anfang an und entschieden uns, die Eigenständigkeit unserer jeweiligen Texte zu erhalten. Wir einigten uns auf sieben Kapitel, die einen inhaltlichen Leitfaden bilden. Danach füllte jeder von uns diese Kapitel mit seinen Erlebnissen und Gedanken bzw. mit seinen Recherchen. Erst ganz zum Schluss, kurz vor Abgabe der Manuskripte, haben wir uns die Texte gegenseitig zum Lesen gegeben. Wir waren – wieder einmal – voneinander sehr überrascht. Wie sollte es auch anders sein?

Wir meinen, der doch sehr individuelle, unterschiedliche Blick auf unser gemeinsames Thema Ausstieg aus dem Berufsleben und Einstieg in den Ruhestand eröffnet verschiedene Perspektiven. Gleichzeitig erzeugt er, nicht zuletzt auch durch den je eigenen Schreibstil, eine gewisse Spannung und sorgt für Abwechslung beim Lesen.

Wir wünschen unseren Lesern dabei viel Vergnügen, vielleicht das ein oder andere Wiedererkennen oder aber die Erkenntnis, es auf jeden Fall ganz anders zu machen.

Gertraude und Clemens Steindl

Zur vierten Auflage

Wie wir den Lebensabschnitt nach dem Beruf gestalten, ist ein spannendes, manchmal auch belastendes, jedenfalls bewegendes Thema. Aus den vielen Diskussionen anlässlich der Vorstellung dieses Buches haben wir herausgehört, dass viele Menschen auf der Suche sind nach dem für sie richtigen Weg. Für manche bedeutet das Kürzel „i. R." *im Ruhestand*, d. h. sie setzen sich wirklich zur Ruhe. Andere erleben „i. R." als *in Rufbereitschaft* für neue Aufgaben, z. B. übernehmen sie Verpflichtungen für Enkelkinder oder Ehrenämter. Wir sehen es als gutes Zeichen für die konstruktive Auseinandersetzung mit der letzten Lebensphase, dass unser Buch jetzt eine vierte Auflage bekommt. Wollten wir doch vermitteln, dass erst alt ist, wer nichts mehr vorhat. Aber auch dann gilt, was wir gerne als Widmung ins Buch schreiben: „Lebensfreude kennt kein Alter!"

Inhaltsverzeichnis

Kapitel I

ABSCHIED
VOM BERUFSLEBEN

Gertraude Steindl

Ein wehmütiger Blick zurück

Welcher Arbeit Sie auch in Ihrem Leben nachgehen, machen Sie sie gut. Wenn Ihre Aufgabe darin besteht, die Straßen zu fegen, dann fegen Sie wie Michelangelo malte, wie Shakespeare Gedichte schrieb und wie Beethoven komponierte. Fegen Sie die Straßen so, dass all die himmlischen und auch die irdischen Heerscharen innehalten und sagen: Er lebte als ein großer Straßenfeger und er hat seine Arbeit gut gemacht.
Martin Luther King

Heute ist der 29. Dezember: ein Tag vor meinem 61. Geburtstag und der letzte Tag in meinem Büro. Wie so oft bin ich die Letzte, die das Haus verlässt. Ich will mein Zimmer ordentlich zurücklassen und meiner Nachfolgerin einen guten Empfang bereiten. Meine erwachsenen Kinder spüren, dass dieser Abschied etwas Besonderes ist, und haben deshalb beschlossen, mich gemeinsam mit meinem Mann abzuholen. Sie beobachten genau, was ich jetzt noch erledige, sind gespannt und bereit, das aufzufangen, was ich emotional von mir gebe. Nach Kräften bemühen sie sich, meine Gedanken zu zerstreuen und nur das zuzulassen, was mich froh und heiter stimmt.

Bis heute war ich Generalsekretärin der Aktion Leben Österreich. Eine Position, die ich mit Leib und Seele ausfüllte, mit der ich mich ganz und gar identifizierte und die meinem Leben einen besonderen Sinn gab. Das Herzstück der Aktion Leben, die Beratung und Hilfe für schwangere Frauen in Notsituationen, hat mich immer tief berührt und meinen Einsatz motiviert. Aber auch alle anderen Tätigkeiten, die Bildungsarbeit und Sexualerziehung, die neuen bioethischen Fragestellungen und die Öffentlichkeitsarbeit für den Lebensschutz, waren mir ebenso besondere Anliegen, für die sich zu engagieren immer lohnte. Für mich war meine Tätigkeit in der Aktion Leben nicht nur Beruf, sondern vielmehr Berufung. Aktion-Leben-Generalsekretärin war ich nicht nur während meiner Arbeitszeit, Aktion-Leben-Generalsekretärin war ich auch am Feierabend, im Urlaub, unter Freunden und Fremden. Daran würde sich nicht so viel ändern, dachte ich. Ich werde auch weiterhin für die Aktion Leben und ihre Anliegen zur Verfügung stehen, jedoch in anderer Qualität und auf andere Art und Weise.

Dennoch weiß ich, dass mir große Veränderungen bevorstehen. Wie werde ich sie bewältigen? Gar nicht so leichten Herzens, wie ich mir und den Mitarbeiterinnen einredete, nehme ich Abschied von der beruflichen Funktion, die mich vor knapp zwanzig Jahren in ihren Bann gezogen und nicht mehr losgelassen hat.

Meinen Abschied habe ich lange und gründlich vorbereitet. Aus großem Respekt vor meinen Vorgängerinnen und vor allem vor Grit Ebner, die – zusammen mit dem Vorsitzenden Walter Csoklich – den Verein und damit die größte Lebensschutzbewegung in Österreich aufgebaut hat, wollte ich – wie ich es nannte – ein wohlbestelltes Haus hinterlassen. Es war mir gelungen, ein Team von Mitarbeiterinnen aufzubauen, die in ihren jeweiligen Bereichen hervorragende Arbeit leisten und den Lebensschutz ohne Wenn und Aber als ihre Aufgabe betrachten. Ich habe mich dafür eingesetzt, dass die innere Struktur des Vereins und sein Verhältnis zu den Regionalvereinen neu geordnet wurde, habe dafür gesorgt, gemeinsam mit allen Aktion-Leben-Vereinen ein Leitbild zur allgemeinen Orientierung zu beschließen, habe ein neues, moderneres äußeres Erscheinungsbild des Vereins auf den Weg gebracht sowie eine solide Finanzausstattung hinterlassen. Meine Nachfolgerin sollte weiter aufbauen können und nicht erst Ordnung schaffen müssen.

Ich habe nicht – wie ich immer wieder von anderen Menschen höre – am Kalender die Tage abgestrichen, die ich noch ins Büro gehen musste. Trotzdem habe ich zielstrebig auf den Tag hingearbeitet, an dem ich in Ruhestand gehen würde. Das Loslassen hat mich also längere Zeit sehr beschäftigt, allerdings, wie sich herausstellte, nur mit dem Verstand. Ich wusste, dass ich Verantwortung abgeben musste, und deshalb wollte ich den Zug noch in geordnete Bahnen lenken. Mir war auch klar, dass meine Nachfolgerin manches würde anders entscheiden, ohne dabei den uns alle verbindenden

Grundkonsens infrage zu stellen. Und ich bejahte aus vollem Herzen, dass sie Wege mit Erfolg beschreiten würde, die mir trotz mehrmaliger Versuche verschlossen geblieben waren.

Ein bevorstehender Wechsel an der Spitze sorgt in der Regel für eine gewisse Unruhe unter den Mitarbeitern. Nach Kräften bemühte ich mich deshalb, Zuversicht zu vermitteln, dass Kontinuität gewährleistet sei. Ich hätte einen Workshop halten können über all das, was eine Chefin bei ihrem beruflichen Ausstieg zu beachten hat. Womit ich nicht gerechnet hatte, waren meine Gefühle. Sie verschafften mir an meinem letzten Tag im Büro Beklemmungen im Brustkorb und raubten mir viel von meiner Zielstrebigkeit. Zum Schluss warf ich alle noch herumliegenden Unterlagen wahllos in zwei Kisten, die zum Abtransport bereitstanden.

Als ich die Bürotür hinter mir schloss, dachte ich, wie gut es mir eigentlich geht, dass ich den Schlüssel noch behalten darf, dass ich nach wie vor dazugehöre, dass ich kommen und gehen kann, wann ich will. Ich schätzte mich glücklich, noch an der Nabelschnur zu hängen. So radikal wie bei vielen anderen Menschen war mein Übergang in die Pension also doch nicht. Warum denn dann so wehmütig sein? Warum sich so beklommen fühlen?

Für ein Abschiedsfest in der Aktion Leben war im Advent absolut keine Zeit. In den vorweihnachtlichen Wochen läuft alles auf Hochtouren, Aussendungen sind auf den Weg zu bringen, Adventbasare zu beschicken, das Merchandising boomt und auch in der Beratung herrscht Hochbetrieb. Die Mitarbeiterinnen und mich selbst damit zu belasten, noch eine Veranstaltung vorbereiten zu müssen, schien mir zu viel verlangt. Also verschoben wir das Abschiedsfest auf einen Abend im Februar, als der Jahresabschluss schon hinter uns und die jährliche Broschüre bereits in der Druckerei waren. Es wurde ein sehr schönes, fröhliches Fest und die Woge der Empathie, die mich trug, wirkte noch lange in mir nach.

Bis dahin hätte ich ja ein wenig Zeit, mich an meinen neuen Status zu gewöhnen, dachte ich. Aber wie es sich anfühlt, plötzlich nicht mehr als Erste gefragt zu werden und auch nicht mehr als Erste gefragt zu sein, davor hatte mich niemand gewarnt. Wie es sich anfühlt, ins Büro zu kommen und nicht mehr die Chefin zu sein, darüber hatte ich nie nachgedacht. Diese Emotionen kamen nicht gleich, dafür trafen sie mich später umso unerwarteter. Zunächst war ich noch zu erschöpft nach dem letzten Jahr. Ich war müde und fühlte mich auch körperlich buchstäblich nicht wohl in meiner Haut. Sandte mir mein Körper Signale, weil sie mein Verstand nicht zuließ?

Mir war noch im Herbst eine Kur bewilligt worden, die ich ganz dringend gebraucht hatte. Aber drei Monate vor dem Ende meiner beruflichen Laufbahn auf Kur zu gehen, kam mir vor wie Verrat. Und so hatte ich die Kur in das Frühjahr verschoben. Mit frischem Elan wollte ich danach all das Private anpacken, das so lange liegen geblieben war.

Ich gehöre zu den „Sammlern". Auch in meinem beruflichen Leben habe ich immer viel zu viel aufgehoben. Jetzt, wo ich mein Büro räumen musste, fand ich all die Schriftstücke, Briefe, Aufsätze und Zeitungsausschnitte, die ich immer fein säuberlich abgelegt hatte, um sie später einmal zu bearbeiten, um daraus eigene Ideen zu entwickeln und Gedanken weiterzuverfolgen. Ich konnte mich auch jetzt nicht von ihnen trennen und so wanderten alle diese für mich wertvollen Unterlagen in eine große Kiste, die ich zu Hause in aller Ruhe noch einmal anschauen und verwerten wollte. Später sollte sich herausstellen, dass ich in den nächsten Monaten auch zu Hause nicht dazu kam, diese Materialien zu sichten. Es sollte noch fast zwei Jahre dauern, bis ich mich von meiner „unbewältigten Vergangenheit" lösen konnte.

Rückblickend kann ich sagen, dass das Jahresende ein günstiger Zeitpunkt für den beruflichen Ausstieg ist. Im privaten Bereich gibt es viel zu tun und vor allem viel Abwechslung. Bis zum 6. Jänner herrscht noch weihnachtliche Feststimmung, viele unserer Freunde und Freundinnen arbeiten nicht. Wir machen Besuche und haben Gäste und genießen die eigenen vier Wände mit den vielen Büchern, die sich am weihnachtlichen Gabentisch gestapelt haben. So bekam ich ganz automatisch eine gewisse Schonzeit, ehe bei mir und auch in meinem alten Büro wieder der Alltag einkehrte.

Ich nutzte die Zeit für meine privaten Pläne. Im Kopf sammelte ich Ideen, was ich in den nächsten Wochen alles erledigen wollte. Und wenn mich Freunde fragten, ob ich schon den Pensionsschock spürte, dann fand ich das entweder dumm oder ärgerlich. Nichts dergleichen lag in meinem Vorstellungsbereich. Ich fiel keineswegs in das sogenannte schwarze Loch. Ganz im Gegenteil: Ich musste auch jetzt Prioritäten setzen und die Aufgaben, die ich mir selbst gestellt hatte, der Reihe nach abarbeiten.

Mein Mann war ein halbes Jahr vor mir in Pension gegangen. Ich hatte also schon ein wenig Vorgeschmack von dem, was da auf mich zukommen würde. Er war überaus aktiv und sehr verbunden mit den Menschen, die er bei seiner Arbeit kennen- und schätzen gelernt hatte. Immer wieder konnte ich sehen, wie sehr er noch mit seinem alten Arbeitsbereich verwoben war und ihn dessen Geschicke interessierten. Und auch ich sollte noch weiterhin großen Anteil daran nehmen, wie es in meinem Büro und mit der Aktion Leben weiterging.

Clemens Steindl

Abschied und Neubeginn

> *Mit Leuten, die nicht aufhören können,*
> *ist nichts anzufangen.*
> *Auf sie wartet die Endlos-Schleife.*
> *„brand eins" (Hamburger*
> *Wirtschaftsmagazin)*

Kann man sich auf das Leben „nach dem Job" einstimmen? Kann man vielleicht sogar einen Generalstabsplan für die Zeit danach und somit fürs Älterwerden ausarbeiten, wie dies eine frühere deutsche Familienministerin gemacht haben soll? Im Prinzip: Ja. Würde Radio Jerewan antworten. Weil es unerlässlich ist, sich auf veränderte Lebensabläufe vorzubereiten und sich rechtzeitig darauf einzustellen. Weil es notwendig ist, die unausweichlich letzte Lebensphase nicht nur herankommen zu lassen, sondern sie – so gut es eben geht – zu gestalten. Ob sich dabei planmäßig vorgehen lässt, darauf würde Radio Jerewan auf Nachfrage bestenfalls mit „Im Prinzip: Nein" antworten. Weil wahrscheinlich alles anders kommt, als man denkt. Und anders kommt, als man plant.

Schon lange bevor ich in Pension ging, stand für mich fest, dass ich noch ein Studium beginnen wollte. Es sollte Kunstgeschichte sein. Ein weites Themenfeld, das mich schon immer faszinierte.

Wie ernst ich diesen Entschluss nahm, wurde auf unserem Bücherregal sichtbar: Eine dreißigbändige Kunstgeschichte, die ich anschaffte, nahm mehr als einen Regalmeter in Anspruch. Im Lauf der Jahre hatten sich schon zahlreiche Kunstbücher und Ausstellungskataloge gestapelt. Die Vorbereitungen auf den Studieneingangstest, bei dem gerüchteweise eine Vielzahl von Kunstwerken identifiziert und entstehungsgeschichtlich zugeordnet werden müssen, konnten also beginnen. Ein Grund für diese Studienwahl war unsere gemeinsame Reisefreude, wobei wir fremde Kulturen immer auch in ihren künstlerischen Ausprägungen kennenlernen wollen. – Dass die kulturellen Lernerfahrungen dabei meistens in kulinarischen Erlebnissen eine passende Ergänzung finden, soll nicht nur eine Randnotiz sein.

Kunstgeschichte sollte es also sein. Die Vorfreude war groß. Alle Freunde und Bekannten wussten von diesem Vorhaben. Sowohl von denjenigen, bei denen diese Idee Zustimmung fand, als auch von denjenigen, bei denen ich auf kopfschüttelnde Ablehnung stieß, hörte ich die gleiche Frage: Warum tust du dir das noch einmal an? Die Antwort war klar: Weil ich auch nach der Pension etwas Sinnvolles machen möchte und weil ich mich mit Themen befassen will, die während des Berufslebens zu kurz gekommen sind. Außerdem sagte ich, dass ich mir dadurch bei Ausflügen und Reisen manchen Kunstführer ersparen könnte. Das ist natürlich ein Trugschluss, auch wenn dieser Sparsamkeitsaspekt von vielen durchaus gewürdigt wurde. Doch, wie gesagt, es kommt manches anders, als man es sich vornimmt.

Bei einem Empfang im Naturhistorischen Museum in Wien passierte dann die Wende. Am Ende – welche Symbolik! – des letzten Symposions, das ich als Leiter einer Bankenakademie ebendort veranstaltete, traf ich Bekannte, die auf dem Weg zu diesem Empfang waren und mich kurzerhand mitnahmen. So stand ich also bald inmitten von mir bis dato unbekannten Menschen, die sich untereinander offenbar alle kannten. Ich war der Einzige, der sich vorstellen musste. Mit Begeisterung erzählte ich von meinem geplanten studentischen Dasein in der vor mir liegenden Pension. Ein etwa vierzigjähriger, gut aussehender Mann übernahm in dieser Runde nun die Rolle eines Studienberaters und vermittelte mir mit großer Begeisterung, wie spannend und vielfältig gerade das Studium der früher sogenannten Völkerkunde für einen wie mich sein müsste. Nebenbei erfuhr ich auch gleich, dass diese Studienrichtung nun „Kultur- und Sozialanthropologie" heißt. Mit dieser spröden Bezeichnung sollten zumindest verbal Fehlentwicklungen in der „völkischen" Zeit kaschiert werden und ein Trennstrich gegenüber einer unrühmlichen Entwicklung an diesem Universitätsinstitut gezogen werden. Dieses Studium, so zog mich mein „Studienberater" in seinen Bann, würde eine Vielzahl von Fachrichtungen vereinen und einen übergeordneten Blick auf Kulturen zulassen. Das faszinierte mich.

Die Vorentscheidung zugunsten der Kunstgeschichte kippte und ich sah mich schon als „Völkerkundler". Dieser Name ist für mich noch immer aussagekräftiger als die anthropologische Umetikettierung. Fortan beschäftigte ich mich also mit meinem neuen Studienfach. Noch hatte ich ja ein knappes Jahr bis zur Pensionierung und damit bis zur endgültigen Festlegung.

Doch der Reihe nach. Wichtig war mir, mich auf das „Danach", auf das Leben nach dem Beruf, frühzeitig einzustellen. Auf ein Leben ohne Außensteuerung, mit ausschließlich selbst gewähltem Termindruck. Erst kam allerdings das Abschiednehmen; das berufliche Ende war angestimmt. Nach fast 15 Jahren, die ich meinen letzten Job mit großer Freude – auch mit vielen Höhen und manchen Tiefen – ausgeübt hatte, war noch das berufliche Finale zu bewältigen. Es waren außergewöhnliche 15 Jahre, in denen ich als Chef der Volksbankenakademie, einer ausgelagerten und damit finanziell eigenständigen Bildungsunternehmung, eine berufliche Heimat fand. Bewusst verwende ich dieses emotionale Wort, das im Wirtschaftsgeschehen kaum noch Platz hat. Doch ich erlebte einen Bankensektor, bei dem das Wort „Volksbanken-Familie" nicht nur bei Sonntagsreden eingestreut, sondern tatsächlich gelebt wurde. Wie in einer guten Familie, in der ja nicht einebnende Uniformität herrscht, sondern immer wieder der Gleichklang in den Zielen gesucht und gefunden wird. Es waren ereignisreiche Jahre, von denen ich keinen Tag missen möchte, weil die bunte Vielfalt in der Volksbanken-Familie einen starken Zusammenhalt brachte. Vom ersten Tag an fühlte ich mich gut aufgehoben. Ich fand wieder beruflichen Anschluss in einem Metier, in dem ich viele Jahre in Deutschland gearbeitet hatte.

„Omnia praeclara rara." – *„Alles Herrliche ist selten."* Dieses Zitat von Cicero, dem größten Redner im alten Rom, verwendete ich bei meiner Abschiedsrede. Es war für mich wirklich eine herrliche Zeit in und mit der Volksbanken-Familie, die im produktiven Miteinander vieles voranbrachte. Dynamik und Offenheit drückten sich auch im Slogan „Bildung ist Bewegung" aus, der für unsere Bildungsarbeit stand. Bei aller notwendigen Bodenhaftung, ohne die eine Bankenakademie sich im Wolkenkuckucksheim verliert, war diese Zeit von Aufgeschlossenheit, Veränderungswillen und Zukunftsorientierung geprägt. Hier, in der Volksbanken-Familie, hat es für mich und hoffentlich auch für alle anderen bestens gepasst.

Dass ich noch mitwirken konnte bei der Suche nach meinem Nachfolger, rundet das positive Klima, das ich im Volksbankenverbund erlebte, weiter ab. Ich fand meinen Nachfolger in Berlin und viele geradezu freundschaftliche Gespräche mit ihm ebneten seinen Weg nach Wien. Für mich schloss sich für immer die Tür zu meinem Büro, in dem ich gerne gelebt hatte, als ich am letzten Arbeitstag nicht nur symbolisch die Büroschlüssel zu übergeben hatte.

Loslassenkönnen. Loslassenmüssen

Wenn man Kinder hat, erlebt oder erleidet man Loslassen als Dauererfahrung. Doch Loslassenkönnen und Loslassenmüssen von einer beruflichen Tätigkeit, die auch viel Herzblut kostete, ist noch einmal etwas anderes, eine neue Herausforderung. Ist es doch „danach" vorbei mit seinem Einfluss, vorbei mit innovativen Entwicklungen, vorbei mit dem Führen eines Unternehmens. Es ist auch vorbei mit dem persönlich gestalteten Büro, das mein berufliches „Wohnzimmer" war. Hier fühlte ich mich fast wie zu Hause.

Zum Abschied bekam ich die Bilder geschenkt, die mich jahrelang in meinem Büro begleitet haben und die mir auch viel bedeuten. Doch ein Bild blieb im Bestand der Akademie. Es stammt von Michaela Karner, einer burgenländischen Künstlerin, die in Podersdorf lebt. Das Gemälde, das bei vielen Besuchern einen starken Eindruck hinterließ, wird von einem eindringlichen Text des US-amerikanischen Philosophen Ralph Waldo Emerson dominiert:

„Erfolg heißt, oft und viel lachen, die Achtung intelligenter Menschen und die Zuneigung von anderen gewinnen, die Anerkennung aufrichtiger Kritiker finden und den Verrat falscher Freunde ertragen, Schönheit bewundern, in anderen das Beste finden, die Welt ein wenig besser verlassen, ob durch ein gesundes Kind, ein Stückchen Garten oder einen kleinen Beitrag zur Verbesserung der Gesellschaft; wissen, dass wenigstens das Leben eines anderen Menschen leichter war, weil du gelebt hast. Das bedeutet, nicht umsonst gelebt zu haben."

Der Abschied vom Büro und dessen Auflösung ist ein Abschied für immer. Damit werden auch viele Erfahrungen, Erlebnisse, Auseinandersetzungen, Höhen und Tiefen, Harmonisches und Konfliktgeladenes begraben. Begraben heißt aber nicht, dass sie verschwunden sind. Begraben heißt, dass es vorbei ist, dass der Job, der einem viel Freude gemacht hat, Vergangenheit ist. Das Gebraucht- und das Gefragtsein werden bestattet. Abschiednehmen ist eben wie ein kleiner Tod, wie man häufig eine französische Volksweisheit übersetzt bekommt. Im Original heißt es: *„Partir, c'est mourir une peu."* – Weggehen, das ist wie ein bisschen sterben, das klingt etwas weniger hart. Auf die Situation des beginnenden Ruhestandes übertragen, wird man wohl sagen müssen: Die Verabschiedung aus seinem beruflichen Umfeld fällt leichter, wenn man es mit der Vorfreude auf eine „kleine Geburt" erlebt, die das künftige Leben im Ruhestand mit Erwartungen und neuen Aktivitäten erfüllt.

Am Morgen des letzten Tages habe ich meinen Arbeitsplatz mit einer gewissen Melancholie aufgesucht. Bei der Fahrt dorthin leitete mich die Gewissheit, diesen Weg das letzte Mal aus beruflichem Erfordernis zu nehmen. Verabschieden heißt loslassen, heißt zurücklassen. Was einem bleibt, sind Erinnerungen und Freundschaften. „Erinnerung ist das einzige Paradies, aus dem man nicht vertrieben werden kann", formulierte der fantasiereiche und empathische Schriftsteller Jean Paul Anfang des 19. Jahrhunderts. Ja, die Erinnerung bleibt, auch wenn sie manches schönt und zurechtrückt.

Mein letzter Arbeitstag endete mit einem unvergesslichen Abschiedsfest, zu dem viele Kollegen und Freunde kamen. Es war in mehrfachem Wortsinn ein rauschendes Fest! Auf einer Dachterrasse mit weitem Ausblick über Wien. Symbolträchtig der Weitblick, der einem auch in die Pension begleiten soll. Symbolträchtig die untergehende Sonne, die den Abend vor dem neuen Morgen erst ermöglicht. Giuseppe Tomasi di Lampedusa drückt das in seinem Roman „Der Leopard" so aus: „Festklammern an dem, was immer schon war oder was man einmal hat(te), führt geradewegs in die Erstarrung. Bewahren kann nur derjenige, der zur Veränderung bereit ist."

Sisyphos beginnt ständig neu

Bei diesem Abschiedsfest wurde eine eigens gestaltete Zeitung mit der Schlagzeile „Gut gebrüllt, Löwe!" verteilt. Es war für mich ein berührendes Danke, das mir auf diese Weise gesagt wurde. Die herzeigbaren Facetten meines Verhaltens wurden sodann von den Mitarbeitern auf die Bühne gebracht. Die nicht-herzeigbaren wurden zwischenzeilig in den Sketchen versteckt. Den Insidern blieben sie nicht verborgen. Bei meiner Schlussrede, die diesmal zur Überraschung vieler wirklich kurz ausfiel, zitierte ich Hugo von Hofmannsthal mit einem Ausspruch, den ich gerne auf mich beziehe: „Die Macht ist bei den Fröhlichen." Nicht die Durchsetzungs- oder die Entscheidungsmacht ist damit gemeint, sondern eine persönliche Einstellung, die durch Fröhlichkeit und durch Freude am Leben gekennzeichnet ist. Als ich einmal nach meinem Lebensmotto gefragt wurde, sagte ich ohne lange zu überlegen: Man muss einmal öfter aufstehen, als man hingefallen ist. Das dürfte Hofmannsthal auch gemeint haben, nämlich dass man sich nicht unterkriegen lassen darf, weil der Blick nach vorne entscheidend ist. Eben mit der Fröhlichkeit, die zu innerer Stabilität beiträgt.

Nachdenklich hat mich die festliche Abschiedsrede gestimmt, die von Rainer Borns, einem Vorstand der Volksbanken-Gruppe, gehalten wurde. Er erzählte unter anderem von den unermüdlichen Anstrengungen des Sisyphos, der immer wieder von vorne und aufs Neue begonnen hat. Aus diesem Bild kann man die Aussichtslosigkeit und Sinnlosigkeit jeglichen Tuns herauslesen, man kann darin aber auch eine Metapher dafür sehen, dass immer wieder ein Neubeginn erforderlich ist, um den sich ständig verändernden Herausforderungen zu begegnen. Und die sind im Ruhestand eben ganz andere und besondere.

Noch ein Aspekt ist mir von dieser festlichen Dankrede in bleibender Erinnerung. Mit anerkennendem Hinweis wurde mir „nachgesagt", ständig auf der Suche nach der besseren Idee, der besseren Lösung gewesen zu sein. Damit sei ich manchen auf die Nerven gegangen, doch das Ergebnis habe alles wieder vergessen lassen.

Besonders gefreut hat mich schließlich die Bemerkung eines meiner Mitarbeiter, die für mich wie ein positiver Nachruf wirkte. Der Kollege, der einer burgenländischen Weinbauernfamilie entstammt, sagte gegen Ende des offiziellen Teils: „Du bist a in der Pensi no guat!" Mit dieser Gewissheit konnte der Tag feiernd ausklingen. Ab jetzt war ich Pensionist. Doch „alt" habe ich mich nicht gesehen und schon gar nicht gefühlt. Der Ausstieg aus dem abwechslungs- und erfahrungsreichen Berufsleben war gleichzeitig der Einstieg in ein neues Leben im Ruhestand.

Kapitel 2

WAS HEISST HIER BITTE ALT?

Gertraude Steindl

Wenn ich jetzt keine Zeit habe, dann wohl niemals

> *Das Altern ist wie eine Woge im Meer.*
> *Wer sich von ihr tragen lässt,*
> *bleibt obenauf.*
> *Wer sich dagegen aufbäumt, geht unter.*
> *Gertrud von Le Fort*

Gehöre ich, nur weil ich gerade in Pension gegangen bin, schon zum alten Eisen? Innerlich fühle ich mich noch ganz und gar nicht als Teil der älteren Generation. Und doch gibt es erste Anzeichen dafür, Signale von außen nämlich, dass ich zu den Senioren gezählt werde. In der Straßenbahn überlässt mir ein Mann mittleren Alters seinen Sitzplatz, der für die ältere Bevölkerung reserviert ist. Das Piktogramm an der Fensterscheibe zeigt eine alte Frau mit Stock. Bin ich hier richtig? Nun, den ermäßigten Fahrschein für Seniorinnen benutze ich schon und beim Eintritt ins Museum löse ich eine Seniorenkarte.

Es kommt nicht auf das tatsächliche Lebensalter an. „Man ist so alt, wie man sich fühlt", wie oft habe ich dieses Sprichwort schon gehört. Jetzt trifft es wirklich auf mich zu, finde ich. Wie oft denke ich bei Begegnungen mit Jüngeren, aber auch mit Gleichaltrigen, dass ich doch jung geblieben bin, vielleicht nicht unbedingt im Aussehen, aber doch im Denken, Fühlen und Handeln.

Sehe ich aus wie eine Frau mit 65 Jahren? Ich verband mit Frauen dieses Alters immer, dass sie in Beige und Grau gekleidet sind. Bloß keine kräftigen Muster oder Farben! Zurückhaltend, unauffällig, bieder und gänzlich ohne Chic, die Haare dauergewellt. So möchte ich nie aussehen! Aber die Gefahr lauert anderswo. Ich muss ja nicht mehr täglich ins Büro, das einen Business-Look verlangt, und die Gesprächstermine oder Außenkontakte sind überschaubar. Es ist natürlich viel bequemer, zu Hause leger angezogen zu sein und sich mehr gehen lassen zu können und auch mal den Vormittag im Schlafanzug oder Morgenmantel zu verbringen. Doch mein Mann hält gerade das für eine große Unsitte und ermahnt uns beide, dass wir nicht um 10 Uhr am Vormittag so aussehen dürfen, als wären wir soeben erst aufgestanden. Wenn es einmal so weit ist, dann sind wir wirklich alt, meint er.

Nach meinem letzten Arbeitstag im Büro begriff ich sehr schnell, welche Wohltat es für mich ist, nicht hastig frühstücken zu müssen und auf dem Weg ins Büro schon die „To-do-Liste" für den Tag aufzustellen. Im Gegensatz zu meinem Mann, der sofort nach dem Aufwachen voller Tatendrang ist, komme ich nur langsam in die Gänge. Ich liebe es, beim Morgenkaffee etwas länger zu sitzen und eine Tageszeitung zu lesen. Wie herrlich war das jetzt, genüsslich frühstücken zu können und die erste Stunde meines Tages ohne besondere Eile zu erleben. Dann entdeckte ich, dass unsere Tageszeitung täglich ein Sudoku abdruckte. Ohne es gelöst zu haben, verließ ich ab nun nicht mehr den Frühstückstisch. Diese Stunde am Morgen war es, die mein Leben jetzt veränderte, ihm eine neue Qualität verlieh und ganz maßgeblich zur Entschleunigung beitrug.

Das letzte Arbeitsjahr hatte mich auch körperlich ziemlich erschöpft. Mir tat besonders die Schulter weh, zeitweise konnte ich keine Handtasche am langen Riemen über der Schulter tragen. Zudem war ich müde und bisweilen kämpfte ich mit Unlustgefühlen, was ich bisher nicht gekannt hatte. Vielleicht hatte ich mir doch ein bisschen zu viel auf einmal zugemutet. Da kam die Kur im Warmbad Villach gerade recht. Drei Wochen mit täglichem Schwimmen, Massieren, Gymnastik und ausgedehnten Spaziergängen im sonnigen Kärntner Frühjahr taten mir unendlich wohl. Ich musste mich um nichts kümmern und nahm mir endlich Zeit nur für mich. Mein Handy hatte ich zwar immer dabei, und oft genug erreichten mich Anrufe, auch von der Aktion Leben. Dennoch: Ich konnte wirklich entspannen. Von der verordneten Diät konnten mich nichts und niemand abbringen und ab Mitte der zweiten Woche fühlte ich mich deutlich „erleichtert".

Mit frischem Elan und Tatendrang kehrte ich nach Hause zurück. Ob man mir wohl noch einmal eine Kur bewilligen würde als Pensionistin? Ich war skeptisch. Wenn ich die Schlagzeilen von den leeren Kassen und die Unfinanzierbarkeit des Pensionssystems richtig deutete, dann schienen für mich bald schlechtere Zeiten zu beginnen. Natürlich empfand ich das als große Ungerechtigkeit. Aber aus der Kur zurückgekehrt fühlte ich mich stark und hätte Berge versetzen können. Ich bin noch lange nicht alt!

Auch als „Jungpensionistin" hatte ich jetzt viel zu tun. Vieles war liegen geblieben in den letzten Jahren, war in meiner persönlichen Prioritätenliste immer weiter nach hinten gerückt. Ich stand jetzt buchstäblich vor einem Berg unbewältigter Vergangenheit, die es zu durchforsten und zu ordnen, zu erneuern und zu reparieren galt. Und schon war ich wieder bei einer „To-do-Liste" angelangt, aber dieses Mal ohne Zeitdruck dahinter.

Alles, was ich mir vorgenommen hatte, gleich zu Beginn meines „Ruhestandes" zu erledigen, dauerte im Endeffekt dann doch viel länger, als ich einkalkuliert hatte. Dies lag auch daran, dass ich beschlossen hatte, dass alles andere warten muss, wann immer unsere Kinder mich brauchen. Das hatten unsere erwachsenen Kinder sehr schnell begriffen und setzten mich gerne für den einen oder anderen Weg, für die eine oder andere Erledigung ein. Ich sagte mir, wenn ich jetzt dafür keine Zeit habe, werde ich sie wohl niemals haben.

Während meiner Berufstätigkeit hatte ich immer straff organisieren und meine Familienzeit auch einteilen müssen. Da ich auch am Abend und am Wochenende manchmal im Einsatz war und oft genug Arbeit nach Hause mitgenommen hatte, plagte mich doch häufig das schlechte Gewissen, nicht genug Zeit für meine Familie zu haben. Jetzt, in meiner Pension, wollte ich ein wenig Wiedergutmachung leisten. Und ich habe es durchaus genossen, einfach sagen zu können: Liebe Kinder, ich bin da, was kann ich für euch tun? Ich habe Zeit!

Finanziell bedeutete der Abschied vom Beruf eine große Einbuße. Ich war wegen der Kinder doch beinahe zehn Jahre zu Hause geblieben und hatte auch danach während vieler Jahre nur eine Teilzeitbeschäftigung. Nachdem wir von Deutschland nach Wien übersiedelt waren und meinem Mann in diesen Jahren nur wenig Zeit für die Familie blieb, widmete ich mich der Familienarbeit und Erziehung der Kinder. Wir hatten in Wien keine Verwandten, die die Kinderbetreuung zumindest zeitweise übernommen hätten. Jede Stunde, die ich nicht zu Hause war, musste ich für die Fremdbetreuung bezahlen. Das machte sich natürlich im Familienbudget unangenehm bemerkbar.

Einerseits liebte ich meinen Beruf und freute mich immer, zumindest für eine kurze Zeit die Haustür hinter mir zu schließen und ins Büro zu fahren. Andererseits habe ich diese Jahre zu Hause auch genossen, habe mich im Elternverein und in der Pfarre engagiert und gelegentlich auch mal einen kleineren journalistischen Auftrag übernommen. Außerdem haben wir ein Haus gebaut, um das ich mich fast allein gekümmert hatte. Aus einer

Handwerkerfamilie stammend – meine Eltern besaßen ein Elektroinstallationsunternehmen –, kannte ich mich doch besser am Bau aus als mein Mann. Als Frau fiel es mir zwar nicht leicht, mich gegenüber dem Baumeister und den Bauarbeitern durchzusetzen, aber mit einer ordentlichen Portion Entschiedenheit klappte es dann doch.

In der Pension erhielt ich aber die Quittung dafür, dass ich nicht immer voll erwerbstätig, sondern „nur" teilzeitbeschäftigt war. Meine Pension fiel lächerlich gering aus. Dabei hatte ich doch immer viel gearbeitet! Hatte streckenweise die Kinder alleine erzogen! Dass ich meinem Mann den Rücken freigehalten hatte für seinen Job, das zählte nicht. Für mich bedeutete das einen gewaltigen Dämpfer und es kratzte nicht unerheblich an meinem Selbstwertgefühl. Was wird sein, wenn einmal meine Kräfte nachlassen? Werde ich dann genug zum Leben haben? Sollte ich einmal allein sein, würde ich das Haus halten können? Vor der Altersarmut fürchte ich mich. Aber noch scheint mir das alles sehr weit weg und meine positive, zutiefst optimistische Lebenseinstellung hilft mir immer wieder über solche Gedanken hinweg.

Zu meiner Überraschung stelle ich fest, dass ich plötzlich mit viel weniger Geld auch ganz gut auskomme. Und wenn ich es recht betrachte, so habe ich mit dem Einsatz meiner Zeit auch ein wenig die geringeren finanziellen Verfügungsmittel kompensiert. Wie oft hatte ich zu Zeiten meiner Berufstätigkeit vor Geschäftsschluss schnell irgendwo etwas gekauft, ohne lange zu überlegen, Hauptsache die Angelegenheit war erledigt. Wie oft bin ich in ein Geschäft gehetzt, um etwas zum Anziehen zu kaufen für irgendeine berufliche Gelegenheit? Wie viele Paar Schuhe habe ich gekauft, die mir dann eigentlich doch nicht passten, weil ich sie zur falschen Tageszeit erwarb? Jetzt aber konnte ich mir Zeit nehmen, abwägen, das ein oder andere selber machen, Vergleiche anstellen …

Einen spürbaren Einschnitt bedeutete für mich der Verzicht auf das zweite Auto. Es war vollkommen unnötig geworden, stand in der Garage und kostete nur Geld. Und doch konnte ich es nur schwer loslassen. Mein Verstand befahl mir, vernünftig zu sein, aber mit meinen Gefühlen hing ich doch sehr an meinem alten Auto. Seit meinem 18. Lebensjahr hatte ich ein Auto und es bedeutete für mich immer auch ein Stück persönliche Freiheit. Allein irgendwohin fahren zu können, unabhängig zu sein – das war es, was ich immer wieder sehr schätzte. Als ich das Auto abmeldete, sagte mir der Versicherungsvertreter, dass ich meinen Bonus verlieren würde, wenn ich nicht innerhalb eines Jahres erneut ein Auto anmeldete. Das war dann noch die Draufgabe. Sollte ich nach mehr als 45 Jahren unfallfreien Fahrens wieder mit einer Prämienstufe anfangen wie am ersten Tag? Oder war das ein Altersmalus, der mir da in Aussicht gestellt wurde? Wie lange würde ich überhaupt noch selbst Autofahren? Sollte ich mir vielleicht gleich ein E-Bike anschaffen, um damit ins Ortszentrum zu gelangen?

Anders, aber nicht weniger schlimm traf es später meinen Mann, als er den schnellen, schnittigen Dienstwagen mit einem Auto tauschte, das wir uns in der Pension besser leisten konnten. Obwohl das neue gegenüber dem alten viele Vorzüge hat, z. B. sitzen wir erhöht und haben einen besseren Überblick über den Verkehr, musste sich mein Mann erst daran gewöhnen. In seinen Augen ist der Verlust von 40 oder 50 Pferdestärken ein riesiger Nachteil. Wir kommen zwar im Prinzip in derselben Zeit zum Ziel, und zwar ohne Strafmandate wegen Geschwindigkeitsüberschreitungen, können aber nicht mehr so rasant überholen und schnell starten. Ja, und das Image des neuen Autos entspricht halt auch bei Weitem nicht dem des alten.

Nachdem unser Haus, als ich in Pension ging, gerade 25 Jahre alt geworden war, gab es doch eine ganze Menge zu renovieren, unter anderem musste die Fassade ausgebessert und gestrichen werden, der Teppichboden im Obergeschoß durch Parkett ersetzt werden und auch innen brauchte das Haus einen neuen Anstrich. Wir hatten jetzt Zeit, Angebote einzuholen und die Arbeiten zu überwachen. Mit großem Elan ging ich ans Werk. Ich ertappte mich aber auch dabei, wie ich dachte, „das tue ich sicherlich zum letzten Mal". 25 Jahre später, sollte ich es erleben, würde ich wohl nicht mehr die Kraft und die Nerven aufbringen für eine so große Renovierung und den Umbau. Dieser Gedanke trieb mich an, keine halben Lösungen zu dulden, sondern alles so zu gestalten, dass es für uns lange Zeit Bestand haben konnte. Wir entschieden auch, noch einmal eine neue Küche anzuschaffen. Da ich gerne – vor allem für Gäste – koche, freute ich mich, dass ein Herd mit gänzlich neuer Technik bei uns einzog.

Im Zuge der Renovierung beschlossen wir, die Kinderzimmer endgültig aufzulösen und die Zwischenwand einzureißen, um dadurch einen großen Raum zu gewinnen. Natürlich hatten wir unsere Kinder vorher um Erlaubnis gefragt.

Uns beiden, meinem Mann und mir, war klar, dass wir in den nächsten Jahren tagsüber viel mehr Zeit zu Hause verbringen würden als vorher. Also brauchten wir noch mehr als bisher ein behagliches Nest. Vielleicht würden wir in den nächsten Jahren öfter mal krank und bettlägerig sein? Da unser Schlafzimmer nur sehr klein war, wollten wir die ehemaligen Kinderzimmer jetzt in einen großen Schlafraum umwandeln, in dem wir uns wohlfühlen konnten. Als die Zwischenwand gefallen, das Parkett verlegt und die Wände frisch gestrichen waren, freuten wir uns über ein schönes großes und helles Zimmer. Hier „nur" zu schlafen und womöglich das Zimmer hauptsächlich im Finsteren zu benutzen, schien mir fast ein Sakrileg.

Das Zimmer liegt im ersten Stock. Wenn man aus den Fenstern schaut, blickt man in unterschiedlich grüne Baumwipfel, auf die große Magnolie, den Kastanienbaum im Garten der Nachbarn, unsere Apfelbäume, die Eibe … Wir beobachten Wacholderdrosseln, Spechte und Eichhörnchen. Kann man sich einen schöneren Arbeitsplatz vorstellen? Hier wollte ich meinen Schreibtisch vors Fenster stellen und meine Gedanken schweifen lassen. Vor das zweite Fenster sollte der Schreibtisch meines Mannes kommen, an die Stirnseiten Bücherregale bis unter die Decke. Ein gemeinsames Arbeitszimmer schwebte mir vor. Mein Mann stand diesem Plan sehr skeptisch gegenüber. Bisher hatten wir im Erdgeschoss zwei kleine Arbeitszimmer, also jeder eines für sich. Für meinen Mann war sein Arbeitszimmer auch ein Rückzugsort, an dem er ungestört lesen und arbeiten konnte. Und jetzt sollte er ein Zimmer mit mir teilen? Eine Freundin riet mir, seine Bedenken ernst zu nehmen und auf meinen Plan zu verzichten. Sie sah ständige Querelen auf mich zukommen. Dennoch blieb ich dabei und konnte meinen Mann mit der guten Arbeitsatmosphäre schließlich überzeugen.

Wir arbeiten beide täglich in unseren ehrenamtlichen Funktionen viel am Computer, meist auch einträchtig nebeneinander. Oft geben wir uns unsere Texte gegenseitig zum Lesen und bitten um Kritik. Von den jeweiligen Rückmeldungen profitieren wir beide. So haben wir jetzt im Ruhestand zu einer Qualität des Zusammenarbeitens gefunden, die wir uns selbst nicht zugetraut hätten. Wir sind nicht immer einer Meinung und jeder von uns versucht, den anderen mit seinen Argumenten zu überzeugen. Das hält unser Gespräch lebendig und versorgt es auch immer wieder mit neuem Stoff.

Obwohl in dieser ersten Phase des Ruhestands unglaublich viele Dinge zu erledigen waren, war Entschleunigung angesagt. Ganz bewusst nahmen wir uns auch Zeit, unseren Garten zu genießen, im Sommer auf der Terrasse oder, wenn es zu heiß war, unter dem Apfelbaum Zeitung oder ein Buch zu lesen, zu frühstücken oder überhaupt die Mahlzeiten draußen einzunehmen. Hin und wieder stand auch eine Siesta am Nachmittag auf dem Programm. Ich liebe es, draußen ein Mittagsschläfchen zu halten. In der Natur riecht es einfach gut. Und wenn es einmal ein bisschen kühler oder windiger ist, kuschele ich mich in eine Decke und bleibe trotzdem draußen.

Nachdem mein Mann keinen Garagenplatz mehr in der Stadt hatte, entdeckten wir die öffentlichen Verkehrsmittel, um in die Stadt zu fahren. Wie viel stressfreier war das doch! Keine hektischen Überholmanöver, kein Ärger über das Unvermögen anderer Autofahrer, keine Staus. Zumeist Zeitung lesend erreichen wir mit U-Bahn und Straßenbahn unser Ziel, und zwar in der Regel auch nicht langsamer als mit dem Auto. Auf Abendveranstaltungen in der Stadt können wir beide auch mal das eine oder andere Glas Wein trinken, ohne daran zu denken, dass wir mit dem Auto noch nach Hause fahren müssen. Auch das ist ein Gewinn. In Perchtoldsdorf gehen wir viele Wege zu Fuß. Wir müssen nicht mehr hektisch von einem Ort zum anderen eilen, stehen nicht unter dauerndem Termindruck und dürfen uns auch mal am Abend im Fernsehen einen Krimi anschauen, ohne ein schlechtes Gewissen zu haben wegen der nicht optimal genutzten Zeit.

Da ich auch jetzt noch mit dem Terminkalender lebe und meine Zeit sehr genau einteile, brauche ich auch mal die eine oder andere Stunde für mich, in der ich ganz einfach nichts tue. Ich lasse die Seele baumeln, setze mich in den Garten, lege eine Patience, stricke etwas für unser Enkelkind oder träume mal still vor mich hin. Es ist ganz einfach wohltuend, dass das jetzt möglich ist.

Clemens Steindl

Alt fühlen? Unaufhaltsam: alt werden!

Everybody loves you
when you six feet in the ground.

John Lennon

Es liegt an Dir, was Du aus Deinem Leben machst,
ob Du weinen willst, oder lachst!

Musical-Komponistin
Marie-Luise Birkner

Fröhlich, traurig, neugierig, müde, frustriert, falten-reich, gesprächsoffen, in sich gekehrt, ängstlich, er-loschen. Seitenlang ließen sich Beschreibungen finden, wie mir Altersgenossen begegnen. Sie be-gegnen mir geliftet, gestrafft, botox-verjüngt. Die wunscherfüllende Medizin des Fremdschönens tut ihr Bestes. Aber selbst Wachstumshormone sind, abgesehen von ihrem unkalkulierbaren Risiko, nicht die ersehnte Wunderwaffe. „Steht zu euren Falten, ihr seid nun mal die Alten!" Dieser Satz, den man manchen zurufen möchte, fand sich als Posting im Internet nach einer TV-Diskussion über das Alter. Manchen ist die verzweifelte Suche nach dem Jungbrunnen, der ewige Jugend verleiht, ins Gesicht geschrieben. Manche verfallen daher der Hoffnung, dass Wirklichkeit wird, was Lucas Cra-nach der Ältere schon 1546 in seinem Gemälde

„Der Jungbrunnen" dargestellt hat. Da steigen gealterte Frauen ins Wasser und verlassen es verjüngt. Aber das gelang nicht einmal dem Göttervater Zeus, einem mythologischen Vielkönner. Den Wunsch der Göttin Eos, ihrem Liebhaber Tithonos die Unsterblichkeit zu verleihen, erfüllte Zeus insofern, als er den schönen Jüngling altern und verkümmern ließ. Unfähig zu sterben, blieb er vor den Augen der zunehmend verzweifelten Göttin der Morgenröte mit seiner keifenden, schrillen Stimme und letztlich als Zikade am Leben.

Ich entdecke vitale Frauen und Männer, die ihr Alter nicht verleugnen und gelassen altern. In der U-Bahn, im Zug, beim Heurigen, im Theater, beim Wandern, auf Autobahnraststätten. Beim Reisen begegnen einem Menschen, die lebensneugierig unterwegs sind, aber auch Menschen, die vom Leben gebeugt kraftlos geworden sind. Mir begegnen Pensionisten voller Tatendrang, aber auch solche, die mit dem Leben abgeschlossen haben. Der deutsche Liedermacher Konstantin Wecker verkündete 2007, „Altern ist eine Katastrophe!" und dementierte vehement vier Jahr später, weil das Alter für ihn inzwischen viele Vorzüge gewonnen hatte. In der US-amerikanischen Serie „How I met your mother" erzählt ein Architekt, wie er vor 20 Jahren seine Frau kennengelernt hat, und kommt zum Schluss: „Das Leben ist eine Mahlzeit und das Alter das Dessert." Beides kann gut gelingen, in beiden Fällen kann man auch scheitern. Auf jeden Fall weiß man erst im Rückblick, ob es gelungen ist.

Meine Altersgenossen sind also die „Kukident-Generation", die „Silver Agers", die Gruftis, die Friedhofs-Deserteure, die Erzeuger-Fraktion, die das „Rentner-Bravo", gemeint ist die Apotheker-Zeitung, lesen, die in die Änderungsfleischerei, also in die Schönheitsklinik, gehen, sich in der Klappkaribik, einem Sonnenstudio, bräunen lassen und eine Abwrackprämie beziehen: die ihnen zustehende Pension. Das ist der Jargon der Jugend, für dessen Verständnis inzwischen ein Generationendolmetscher gebraucht werden könnte. Jugendsprache überzeichnet – oft brutal. Aber wie so oft steckt unter einer hart wirkenden Schale eben auch ein sanfter Kern. Verbergen sich doch unter scheinbarer Aggressivität in der Wortwahl sowohl die Auseinandersetzungen mit den Älteren als auch mit dem eigenen Älterwerden. Denn das Altwerden beginnt ganz früh. Den Zusammenhang zwischen Jung- und Alt-Sein stellt Marc Chagall her: „Die Leute, die nicht zu altern verstehen, haben auch nicht verstanden, jung zu sein." Worauf es also ankommt, ist, sich in jeder Lebensphase auf das jeweilige biologische Alter einzustellen und mit diesem im psychischen Einklang zu leben. Ausführlich hat sich der Schweizer Psychiater C. G. Jung mit dem Altwerden befasst und resümiert, dass mit jeder Altersstufe eine neue Geburt ansteht. Für die Älteren bedeutet das, sich auf den „Lebensnachmittag" einzustimmen. Für die Jüngeren, sich auf den nächsten Lebensabschnitt vorzubereiten. Bedauernswert findet C. G. Jung jene Dreißigjährigen, die ihre Infanti-

lität noch nicht abgelegt haben. Und mit unverkenn-
barer Ironie findet er jene Siebziger „entzückend“,
die sich alterverdrängend jung geben.

Alter ist, was man daraus macht

Bei mir geht die Frage ins Leere, wie alt ich mich
fühle. Denn ich fühle mich weder 50 noch 60 Jahre
alt, schon gar nicht 30, sondern 68. So alt bin ich
nun immerhin geworden und freue mich darüber.
Wenn alles gut geht, werde ich recht bald siebzig
sein und dieses Ereignis will ich angemessen feiern. In Dankbarkeit, so alt zu sein, und in der Hoffnung, noch viele spannende Jahre vor mir zu haben.
Beinahe unausweichlich werde ich dann wieder
die Frage hören, wie alt ich mich fühle. Diese mehr
oder minder aufdringliche Erkundung gehört offenbar zum rituellen Fragenrepertoire, mit dem ältere
Menschen konfrontiert werden. Die Frage geht aber
auch deswegen daneben, weil man das kalendari-
sche Alter zur Kenntnis nehmen muss. Ob es einem
gefällt oder nicht.

Wahrscheinlich hat die Frage, wie alt man sich
fühlt, ihren Ursprung in den Vorstellungen vom Alter, die man als Jüngerer hat. Als Gymnasiast war
nicht nur ich überrascht, dass die Teilnehmer eines
40- oder 50-jährigen Maturatreffens nicht im Roll-
stuhl, heute würde man sagen: mit dem Rollator,
vorgefahren sind. Dass sich die „Methusaleme“,
die in unseren Augen die Alt-Absolventen waren,
des Lebens erfreuten, auch wenn sie etwas gemäch-

licher gegangen sind. Jetzt bin ich selbst so alt und vermutlich haben die jetzt Jüngeren ein ähnlich katastrophales Bild von einem Endsechziger wie wir damals. Und auch sie wundern sich dann, dass wir noch so rüstig sind: Ja, gibt's denn das, dass die 60-plus-Generation so lebendig, interessiert, aufgeschlossen, reisefreudig, sportlich, unternehmenslustig, mobil ist? Da zeigt sich, dass Alter nichts anderes ist als das, was der Einzelne daraus macht und was sich der Einzelne darunter vorstellt. Für manche wird das Alter zur Bedrängnis, weil es mit einem unweigerlich zu Ende geht; andere wiederum begreifen Alter als gute Chance, die verbleibenden Jahre bestmöglich zu gestalten.

„Bitte einen Generationenwechsel!", hat Rainer Nowak in der „Presse" unverblümt gefordert. Anlass war der Rücktritt des 65-jährigen Landeshauptmanns von Vorarlberg. In dessen Gefolge, so die recht direkte Empfehlung des Leitartiklers, sollten sich vier weitere Landeshauptleute der 60-plus-Generation ein Beispiel an dieser couragierten Aktion nehmen und „den Platz ganz vorn räumen". Der Konter ließ nicht auf sich warten. Der Europa-Abgeordnete Heinz K. Becker kritisierte diese Herangehensweise, in der sich „eine Einstellung gegenüber älteren Berufstätigen widerspiegelt, die sich vielfach bis zur Diskriminierung hin entwickeln kann". Eine Einstellung, die ausblende, so Becker weiter, „dass unsere über 60-Jährigen meist pumperlg'sund, geistig und körperlich hoch aktiv sind, dass viele als Freiwillige tätig sind und darüber hinaus natürlich enorme Erfahrungen aufweisen und längst generationenübergreifend auf ihre Enkelgeneration achten". An dieser Auseinandersetzung wird deutlich, dass auch in der veröffentlichten Meinung allzu häufig ein Altersbild gezeichnet wird, das nicht die Realität abbildet, sondern die eigenen Vorurteile gegenüber den Älteren und Alten unserer Gesellschaft zur Basis einer vorschnellen Urteilsbildung macht.

Nüchtern betrachtet muss man sagen: Altwerden passiert. Ohne unser Zutun. Unmerklich und dennoch stetig. Altwerden ereignet sich so selbstverständlich wie das Atmen oder der Herzschlag. Gegen das Altern kann man nichts tun. Da helfen keine jugendsuggerierenden *Anti*-Aging-Angebote. *Pro*-Aging-Aktivitäten wären angebrachter, Angebote, die das Alter nicht verdecken, sondern einladen, diese Lebensphase auszuleben!

Ich gebe es ja zu: Auch ich habe mich lange mit dem Spruch „Alt werden nur die anderen. Ich bleibe jung" zu retten versucht. Doch die Wirklichkeit hat mich ereilt und vielleicht auch überholt. Vor mir liegt der Partezettel meiner soeben verstorbenen Schwester, auf deren Unterstützung ich viele Jahre angewiesen war, da meine Eltern schon in sehr jungen Jahren gestorben sind. Auf der Parte sind wir Geschwister aufgelistet – insgesamt sieben –, ebenso die Kinder und Enkelkinder. Eine nicht kleine Schar Noch-Lebender. In solchen Augenblicken wird es zur Gewissheit, wie sehr Alter – jenseits aller Jahreszahlen – ein Geschenk ist. Denn viele

Menschen erleben gar nicht, was „60 plus" bedeutet, welche Chancen sich im Alter ergeben, welche Ängste die älteren Menschen bewegen. Viele sind gar nicht so alt geworden, sondern haben sich schon früher aus dieser Welt verabschieden müssen. Im Dorf, in dem ich geboren wurde, hat man über die Toten gesagt, sie seien „abberufen" oder – ein noch schöneres Wort! – „heimgeholt" worden.

„Es ist schlimm, wenn man alt wird. Aber schlimmer ist es, wenn man es nicht wird." Tiefsinnig hat der Entertainer Heinz Erhardt in seiner unnachahmlichen Art aufgezeigt, wie eng Leben und Tod zusammengehören. Das Altwerden sollte daher von einer prinzipiellen Dankbarkeit begleitet sein und von einer Freude darüber, dass man diese Lebensphase erreicht hat und noch nutzen kann.

Man liest es ständig: Alt wollen viele werden, alt sein aber will niemand. Alt im Sinne eines langen, gesunden, abwechslungsreichen und auskömmlichen Lebens wollen viele sein, aber alt in Verbindung mit gebrechlich, hilfsbedürftig, vereinsamt will niemand sein. Und alt sind immer die anderen: In Talkshows findet der 60-Jährige den 70-Jährigen alt, der wiederum den 80-Jährigen, der den …

Der Schauspieler Hans-Jürgen Bäumler, der Eislaufstar meiner Jugend, hat in der von Frank Elstner moderierten Fernsehsendung „Menschen von heute" Anfang 2012 gesagt, er wolle „nicht alt werden", sondern „lange leben". Aber ab wann ist man denn alt? Die Antwort wird schon bei der Geburt gegeben.

Bereits unmittelbar danach gibt es ja gleich wieder jüngere Erdenbürger, ist ein Neugeborenes schon *älter* als das nächste. Der banal anmutende Satz „So ist die Welt!" verweist auf den Kreislauf alles Lebendigen, der durch Werden und Vergehen, Entstehen und Verändern, Kontinuität und Veränderung, Wachsen und Absterben bestimmt ist. Leben ist ein ewiges „Stirb und werde!", wie Goethe in seinem Gedicht „Stille Sehnsucht" geschrieben hat. Altwerden ist ein integraler Teil des ständigen und uns verändernden Prozesses, der Leben heißt.

In manchen Bildern, die das Alter zeigen, gibt es keine Falten, keine Krankheiten, keine Schmerzen. Nur Allzeit-Sonnenschein, sorgloses Frohsein und unbekümmertes Dahinleben. Aber diese Bilder gaukeln eine Wirklichkeit vor, die es in dieser Ausschließlichkeit nicht gibt. Alter verwirklicht sich nicht nur im schönen Weitblick von der Spitze eines Berges, sondern auch in der Mühe, die Ebene zu durchqueren.

Worte und Unworte

Doch was hat es auf sich mit dem Altwerden, dem sich niemand entziehen kann, der diese Lebensphase erreicht hat? Es gibt schöne und unschöne, ernsthaftere und weniger ernsthafte, anerkennende und diffamierende Bezeichnungen für ältere Menschen. Auch skurrile. Bei einer TV-Diskussion wurde kürzlich sogar vorgeschlagen, nicht mehr von „alten" oder „älteren Menschen" zu reden, sondern stattdessen von „Fortgeschrittenen". Auch sonst ist die Palette der Namen für die Altgewordenen recht bunt. Sie reicht von den „Silver Agers", deren Haare „friedhofsblond" sind, bis zu den „in Ehren Ergrauten". In die Alltagssprache Eingang gefunden haben die „Gruftis", das abschätzig klingende „Komposti" wirkt eher degoutant. Häufig ist die Rede vom „würdigen Alter" das seine Steigerungsform im „ehrwürdigen Alter" findet.

Im Zwischenbereich angesiedelt ist das Wort „Jubelgreis", das – wie so vieles – Goethe zugeschrieben wird. Der überall Zitierte soll so angesprochen worden sein. Angeblich ist auch Immanuel Kant zum Fünfzigsten als „Jubelgreis" gefeiert worden. Und Wilhelm Busch lässt in einem seiner Gedichte einen „Jubelgreis" genüsslich aus einem „Hohlgefäß, was meistens rund", trinken. Für Askese im Alter hat Busch ebenso wenig übrig wie der Philosoph Ernst Bloch, der mit 92 Jahren gestorben ist. Zwar gibt er sich in seinem Werk „Das Prinzip Hoffnung" die Erlaubnis, vom Leben „erschöpft zu sein", freut sich aber auf „Wein und Beutel", auf Lebensgenuss also und Wohlergehen, was durch einen vollen Geld-„Beutel" erleichtert werde. Dass die heute lebenden Senioren über Zeit und Geld verfügen, davon ist der Seniorenbundobmann der Österreichischen Volkspartei, Andreas Khol, überzeugt. Vorbei seien nämlich, wie er sagt, die Zeiten, „in denen die Alten taubenfütternd im Park saßen". Auch wenn man dies gelegentlich noch beobachten kann. Die generell sichtbare Realität ist, dass Senioren „aktiv, agil und aufgeschlossen" sind – und dies auch sein wollen, wie zu ergänzen ist.

Jüngste Erhebungen bestätigen, dass Pensionisten noch gerne tätig sind und dass sogar ein Viertel gerne im früheren Beruf arbeiten würde und durchaus länger im Beruf bleiben wollte. Keinesfalls aus Angst vor dem häufig erwähnten „Pensionsschock", sondern als Zeichen ungehemmter Leistungsfähigkeit und andauernder Einsatzbereitschaft. Denn Altsein heißt nicht pflegebedürftig sein, wenngleich dieses Bild oft in diesem Zusammenhang gebracht wird und sich deshalb in vielen Köpfen festgesetzt hat. Da erstaunt es dann nicht, wenn 1995 in Deutschland das Unwort des Jahres „Altenplage" war, gefolgt im Jahr 1996 von der „Rentnerschwemme" und schließlich im Jahr 1998 von der kruden Wortschöpfung „sozialverträgliches Frühableben", einer kaum noch unterbietbaren Abwertung für Älter- und Altgewordene.

Wie eine müde Biene im Regen

Unvermeidlich kommt es also heran, das Alter. Mit seinen Vorzügen und Bedrängnissen. Altern lässt sich nicht vermeiden, bestenfalls äußerlich glätten. Was auf keinen Fall hilft, ist die Einnahme der „Krümmelus-Pille", von der sich Pippi Langstrumpf ewige Kindheit verspricht, um so der bitteren Realität des Erwachsenwerdens zu entfliehen. Doch wenn man „Glück hat", hofft Udo Jürgens, inzwischen 77 Jahre alt geworden, „kommen noch viele Geburtstage". Zwar findet er die noch vor ihm liegende Zeit „erschreckend kurz", doch wird für ihn das Leben infolge der „zunehmenden Bedrohung durch die Endlichkeit" immer intensiver. Ein wunderbares Bild für das Alter hat der im Hochmittelalter lebende Hugo von Trimberg, der im Jahr 1313 verstorben ist, gefunden. Er vergleicht es mit der Abendsonne und mit einer müden Biene im Regen.

Über die mit dem Altern einsetzenden Veränderungen und Beschwernisse hat auch Marcus Tullius Cicero nachgedacht. Im Alter von 62 Jahren verfasst er einen Dialog, in dessen Mittelpunkt der 84-jährige Cato steht. „Cato maior de senectute" ist der Titel dieser brillanten Schrift, mit der Cicero die Bedingungen eines sinnerfüllten Lebens beschreibt. Dass diese Schrift inzwischen korrekt mit „Cato der Ältere über das Alter" betitelt wird, sollte nicht vergessen lassen, dass noch vor wenigen Jahren „Über das Greisenalter" im Buchtitel stand.

Cicero nennt drei Vorzüge, die den alten Menschen auszeichnen. Es sind dies „dignitas", die Würde, „gravitas", der Ernst, und „auctoritas", das Ansehen oder die Autorität. Eine Autorität, die sich nicht aus Macht ableitet, sondern in der Persönlichkeit des alternden Menschen begründet ist. Diesen Vorzügen stellt Cicero vier Nachteile gegenüber, die jedoch bewältigbare Herausforderungen darstellen. Es sind dies der *Zwang zu Untätigkeit*, den man – heute würde man sagen – durch ehrenamtliche Tätigkeit überwinden kann. Das *Nachlassen der körperlichen Kräfte* lässt sich durch ständiges Weiterlernen mehr als kompensieren. Hingegen ist die *Abnahme der sinnlichen Freuden* in den Augen Ciceros eine Chance, sich von unnötigen und belastenden Begierden zu befreien. Schließlich die letzte Herausforderung, die sich durch die *Nähe zum Tod* ergibt. Das ist bei Cicero aber nicht nur ein Thema für die Alten, die ja das Lebensende mit Gewissheit vor sich haben, sondern ebenso für die Jungen, die erst so alt werden müssen. Über allem jedoch steht das Resümee Ciceros, dass durch ausfüllende Tätigkeiten die Bürde des Alters weniger spürbar wird.

Wie alt man werden kann, dazu liefert Jacob Grimm in seiner „Rede über das Alter", die er drei Jahre vor seinem Tod hielt, eine originelle Berechnung. Das erreichbare Menschenalter liege demnach bei 81 Jahren, weil ein Zaun drei Jahre hält, ein Hund aber „drei zaunes alter erreicht" und ein Pferd drei Hundealter schafft. Der Mensch jedoch kann auf „drei rosses alter" kommen, also 81 Jahre alt werden. Und davon sind die aktuellen Prognosen zur Lebensdauer der heute Lebenden nicht so weit entfernt. Jacob Grimm erzählt in dieser Rede auch ein Märchen, das vom Älterwerden handelt. Darin heißt es, dass der Mensch ab sechzig „schwachsinnig und närrisch wird und allerlei alberne Dinge" treibt und so zum Gespött der Kinder wird. Denjenigen aber, die sechzig werden, empfiehlt Jacob Grimm, sie sollten „mit stiller Wehmut hinter sich blicken … und gleichsam auf der Bank vor der Haustür sitzend das verbrachte Leben überdenken".

Das zunehmende Alter ist vergleichbar mit einem Weg ins Unbekannte, der unweigerlich auf einen bekannten Ausgang zusteuert, der endgültig die letzte Lebensphase abschließt. Dem voraussehbaren Ende kann man weder entgehen noch entfliehen. In einer Gesellschaft, die sich über Produktivität, Wertsteigerung, Leistung, Effizienz etc. definiert, kann die Thematisierung des Altwerdens leicht zur Provokation geraten, weil Fragen nach der Nützlichkeit oder Verwendbarkeit der Älter- bzw. Altgewordenen im Arbeitsprozess bei sogenannten Machern schnell zur Nutzlosigkeitsdebatte ausarten können.

Für mich bietet Altern die Chance, Zeit zu haben, Zeit zu finden und Zeit zu gewinnen – für sich und für andere und für anderes, wofür man vielleicht bisher nicht die Zeit gefunden hat. Die Nacherwerbs-Phase bietet vielfältige Möglichkeiten der Selbstbestätigung, der Selbstfindung und der Selbstverwirklichung. Der italienische Rechtsphilosoph Norberto Bobbio skizziert in seinem Buch „Vom Alter", das er mit 95 Jahren publizierte, unterschiedliche Lebenseinstellungen, aus denen sich unterschiedliche Sichtweisen auf das Alter ergeben. Ob man das Leben als „Berg begreift, der bestiegen werden muss", oder als „breiten Strom, in dem man langsam zur Mündung schwimmt", oder aber als „undurchdringlichen Wald", in dem man ziellos herumirrt und den Weg ins Freie nicht findet, es liegt ausschließlich beim Einzelnen und dessen Entscheidung zur individuellen Lebens- und damit Altersgestaltung, ob man Herausforderungen annimmt und initiativ bleibt, ob man träge dahintümpelnd die verbleibenden Jahre aufbraucht oder man im Irrgarten der gesellschaftspolitischen, ökonomischen und sozialen Wirklichkeiten sich nicht zurechtfindet und verloren geht.

Eine höchst originelle Idee, mit dem Alter zurechtzukommen, stammt von Mark Twain, der die Lebensphasen in ihrer Abfolge einfach umdrehen will. Würden wir nämlich „mit achtzig geboren und langsam auf die achtzehn" zusteuern, dann wäre das Leben „unendlich angenehmer". Es ist eine ungewöhnliche Überlegung, die dann die Frage überflüssig machte, ob man die Entscheidungen seines Lebens nochmals auf gleiche Weise treffen würde. Für mich steht fest, dass ich alles nochmals genauso entscheiden würde. Waren doch die Entscheidungen, wie man sie in der Vergangenheit getroffen hat, zum jeweiligen Zeitpunkt mit dem jeweils vorhandenen Wissen die richtigen und bestmöglichen. Aber ein attraktives Denkmodell wäre es, auf Basis des Erfahrungsschatzes, der sich am Ende des Berufslebens angesammelt hat, die einzelnen beruflichen Stationen nochmals zu durchlaufen. Bestünde die Möglichkeit der Wiederholung unter diesen Voraussetzungen, dann würden wahrscheinlich viele Fehler, die man gemacht hat, nicht mehr passieren – aber mit Sicherheit andere!

Altsein ist, man kann es nicht oft genug wiederholen, eine Frage der Einstellung und der Selbstwahrnehmung. Man ist so alt, wie man sich selbst

fühlt. Ist man dem Leben gegenüber positiv eingestellt, dann sind die Zahlen, mit denen das „kalen-
darische" Alter angegeben wird, lediglich Statistik
und für den Reisepass wichtig. Man ist ja nicht deshalb alt, weil man viele Jahre am Buckel hat, sondern man ist alt, „wenn man nichts mehr vorhat".
Diesen Satz, den der Philosoph Hans-Georg Gadamer in hohem Alter, nämlich mit 93 Jahren, geschrieben hat, habe ich oft in meinem Berufsleben
zitiert. Denn alt ist man wirklich dann, wenn man
sich auf Neues nicht mehr einlässt.

Steve Jobs, der 2011 mit 56 Jahren verstorbene
Apple-Mitgründer, gab wenige Wochen vor seinem
absehbaren Tod ein bemerkenswertes Interview, in
dem er sagte: „Für mich gibt es aus biologischer
Sicht keine Alten und keine Jungen, nur Ältere
und Jüngere. Die Einen fühlen sich mit über sechzig noch so wie in der Jugend und benehmen sich
auch so. Und es gibt die Anderen, die sich mit 20
bis 30 Jahren schon teilweise so benehmen, als wären sie Senioren und klagen über Schmerzen. Meiner Meinung nach sollte man sich als Mensch von
über 65 Jahren vor allem weise und geistig reif verhalten. Wer keinen Ehrgeiz und Verstand mehr hat,
der ist alt!"

Erst jüngst wurde in einer Erhebung der Frage
nachgegangen, ab wann man heutzutage alt sei. Dabei fanden 18 Prozent der Befragten, dass die ÜFÜS,
die Über-Fünfzigjährigen, alt seien; für 14 Prozent
sind die Sechzigjährigen alt; für knapp 30 Prozent
sind es die Siebzigjährigen; wenig erstaunt, dass für

fast 40 Prozent die Achtzigjährigen alt sind. Da ist sie also wieder die Unterscheidung zwischen den jungen Alten, den alten Alten und den ganz Alten. Es trifft schon zu, dass Älterwerden wie Bergsteigen ist. Je höher man kommt, umso beschwerlicher ist es. Man sieht aber auch umso weiter, je höher man gestiegen ist. Auch mit dem Altern sollte es sich so verhalten, dass man mit zunehmenden Jahren über den größeren Weitblick verfügt und die bessere Aussicht genicßt.

Kapitel 3

MIT FREUDE
IN NEUES ENGAGEMENT

Gertraude Steindl

Was kann ich auf die Waagschale legen?

Herr, du selbst hast mich auf Freude angelegt.
Sie ist eine Gabe aus deiner Hand.
Hilf mir, ein froher Mensch zu sein,
froh dreinzuschauen
und anderen Freude zu machen.
Gib, dass ich immer einen Grund finde,
wenigstens heimlich in die Zukunft zu lächeln.

Quelle unbekannt

Ein Spruch kommt mir seit meiner Pensionierung immer wieder in den Sinn. Er lautet: „Wir bauen hier so feste – und sind nur fremde Gäste – doch wo wir sollten ewig sein – da bauen wir gar wenig ein." Ich dachte, er stamme aus einem Kirchenlied aus der Zeit der Reformation. Er soll aber – so fand ich heraus – eine alte Hausinschrift sein. Da sie der Barockdichter Grimmelshausen schon in seinem Entwicklungsroman „Der Abenteuerliche Simplizissimus Deutsch" verwendet hat, werde ich sie wohl von daher kennen. Ich bin nämlich in Gelnhausen, der Geburtsstadt von Grimmelshausen, aufgewachsen und der „Simplizissimus" gehörte dort zur Pflichtlektüre auf dem Gymnasium. Dieser Spruch hat sich tief in meinem Gedächtnis eingegraben. Was werde ich einmal auf die Waagschale zu legen haben? Noch habe ich Zeit, die Gewichte zu meinen Gunsten zu verteilen. Diese Zeit will ich nutzen.

Wenn ich geglaubt oder doch zumindest gehofft hatte, die Herausforderungen an mich würden in der Pension weniger werden, so habe ich mich gründlich getäuscht. Eine dieser Herausforderungen war die Einladung unseres Pfarrers, an einem Abend in unserer Pfarre das Glaubensseminar, das immer in der Fastenzeit stattfindet, zu gestalten und zum Thema Lebensfreude zu sprechen. Dieser Vorschlag kam für mich vollkommen überraschend.

Um mich dem Thema des Abends anzunähern und mir etwas mehr Klarheit zu verschaffen, schlug ich als Erstes in der Bibel nach, was denn da alles zum Stichwort Freude zu finden sei. Dabei stieß ich schnell auf den Satz aus dem Brief von Paulus an die Philipper, „Freut euch im Herrn zu jeder Zeit! Noch einmal sage ich: Freut euch!" Ja, und diese strikte Aufforderung, sich doch zu freuen, und zwar zu jeder Zeit, diese Aufforderung war es dann doch, die mich noch tiefer ins Dilemma stürzte. Sie rief einerseits meinen Widerstand hervor und andererseits begann sie, mich in das Thema Freude hineinzuziehen. Diese Aufforderung des Paulus ist schon eine Zumutung, finde ich. Aber man könnte darin auch eine gewaltige Herausforderung sehen. Zu Letzterem habe ich mich entschieden.

Lebensfreude als Antriebskraft

Jeder Mensch kann von Lebensfreude erfüllt sein. Als Christ hat er noch dazu einen besonderen Grund zur Freude, weil er sich als Kind Gottes betrachten darf und ihm das Reich Gottes verheißen ist. Aber wie sieht das im praktischen Leben aus? Da ärgere ich mich, bin wütend, bin traurig, manchmal auch aggressiv, manchmal verzweifelt, weil etwas nicht gelingt, da bin ich mutlos und unzufrieden mit mir und der Umwelt, bin ich ängstlich und traue mir etwas nicht zu ... ja, und da ist dann die Freude ganz weit weg.

Würde man in solchen Momenten mit dem Paulus-Wort konfrontiert, man würde es lächerlich finden, ganz und gar ablehnen und Paulus als weltfremden Utopisten abstempeln. Und dennoch steht all dem diese schwer annehmbare Aufforderung von Paulus gegenüber, die schon durch die Wiederholung wie eine Ermahnung klingt: „Noch einmal sage ich euch, freut euch zu jeder Zeit." Es ist also ganz eindeutig, dass wir uns allezeit freuen dürfen und auch sollen. Und dass wir kein schlechtes Gewissen haben sollen, wenn wir schon hier und jetzt Freude spüren, Freude erleben, Freude weitergeben.

Eine andere Sichtweise ist, und auch diese begegnet uns, dass sich ein Christ zwar freuen dürfe, dass er eingeht in das Reich Gottes, aber nicht schon hier und jetzt. Nicht in seinem Leben hier auf Erden dürfe er sich freuen, sondern erst in unbestimmter, ferner Zukunft, nach seinem Tod. Bis dahin erlebe er die Welt als ein Jammertal, einen Ort der Mühsal, der Belastungen, voller Anfeindungen und Versuchungen des Bösen.

Oder: Darf man angesichts so vieler ungelöster Probleme auf der Welt, von schrecklichen Hunger- und Naturkatastrophen, die vielen Menschen das Leben und all ihr Hab und Gut kosten, von grausamen Kriegen und Bürgerkriegen, von Kinderausbeutung und Gewalt, angesichts von so viel Leid, das rings um uns herrscht, offen zeigen, dass man auch Augenblicke der Freude hat und Freude empfindet? Wird man als Realitätsverweigerer angeschaut, wenn man sich freut, oder als einer, der den Kopf in den Sand steckt vor dem Elend in dieser Welt? Scheint es da nicht doch besser, die Freude für sich zu behalten, sie nicht offensichtlich zu zeigen, sie nach innen zu wenden und nicht herauszulassen?

Als ich an dieser Stelle meiner Überlegungen angekommen war, wusste ich auch, warum gerade ich, die ich seit vielen Jahren in der Aktion Leben tätig bin, über die Freude sprechen durfte. Wenn sich jemand für die Aktion Leben interessierte und mich fragte, was denn die Aktion Leben will, was ihr besonderes Konzept sei und was sie vielleicht von anderen Lebensinitiativen unterscheide, antwortete ich oft: Die Aktion Leben ist eine Bewegung für den Schutz des menschlichen Lebens, sie will Lebensfreude weitergeben. Diese Antwort verblüffte schon manchmal. Denn zumeist erwartete mein Gegenüber, dass ich sage, die Aktion Leben will Schwangerschaftsabbrüche vermeiden. Natürlich will sie das, das ist ihr erklärtes Ziel. Aber sie will dieses Ziel auf einem ganz bestimmten Weg erreichen, nämlich indem sie versucht, die schwangere Frau, die voll Kummer, Sorgen und Angst zu ihr kommt, die nicht weiß, ob sie das Kind auf die Welt bringen kann, wieder aufzurichten und für sie die Lebensfreude wiederherzustellen.

Ich habe in all den Jahren, die ich in der Aktion Leben tätig bin, immer wieder erlebt, wie schwangere Frauen verzweifelt im Wartezimmer saßen und dem Termin mit der Beraterin mutlos entgegensahen. Der Raum war voll negativer Energie und auf den Gesichtern stand viel Leid und Verzweiflung geschrieben. Von Lebensfreude keine Spur! Ich habe aber auch, und dafür bin ich unendlich dankbar, erleben dürfen, wie die Herzen dieser Frauen aufgingen, wenn sie mit Wärme angenommen wurden, man ihnen einen Raum zum Entfalten, einen Raum des Nachdenkens ohne Druck, gab. Ich durfte erleben, wie sie wieder Selbstvertrauen gewannen und sich auf ihre Kinder freuten. Wie sie wieder Mut bekamen, auch in schwieriger Situation mit ihrer Lage zurechtzukommen. Ich habe gesehen, wie sie ihre Kinder lieben und bereit wurden, dafür jeden Kampf aufzunehmen. Ich habe immer wieder erleben können, wie gut es funktioniert, Lebensfreude weiterzugeben.

Wer in der Lage ist, Lebensfreude zu verspüren, kommt auch mit dem Altern besser zurecht.

Lebensfreude ist eine Antriebskraft, die aus dem tiefsten Inneren kommt, aus dem Einklang der Seele mit Gott und der Welt. Das heißt nicht, dass sie nicht immer wieder erschüttert werden kann. Bei jedem Menschen gibt es Hochs und Tiefs. Aber wie ein Mensch damit fertig wird, wie er die verschiedenen Wetterlagen seines Lebens meistert, hängt letztlich von seiner inneren Grundstimmung ab. Wenn diese eine positive, lebensfreundliche ist, wird er vielleicht mit einer gewissen inneren Ruhe und Gelassenheit dem entgegengehen, was da kommen wird.

Sich ehrenamtlich einbringen

Nicht gleich nach meinem letzten Arbeitstag, aber doch schon bald danach wurde mir unumstößlich klar: Jetzt beginnt mein letzter Lebensabschnitt. Diese Erkenntnis warf mich nicht aus der Bahn. Da ich das Glück hatte, gesund zu sein, und mich noch voller Tatendrang fühlte, wollte ich mich noch längst nicht zur Ruhe setzen. Was lag da näher, als für die Aktion Leben ehrenamtlich tätig zu sein, für den Verein, in dem ich mich schon so viele Jahre engagiert hatte? So wurde ich nach meinem Ausscheiden als Generalsekretärin zunächst Vizepräsidentin und drei Jahre später Präsidentin der Aktion Leben Österreich. Diese Aufgabe habe ich gerne übernommen. Lag mir doch außerordentlich viel daran, dass die Aktion Leben weiter prosperieren konnte und vor allem ihre führende Position in der Schwangerenberatung behaupten und ausbauen konnte.

Wie oft habe ich miterlebt, wie wirkungsvoll in der Beratungsstelle geholfen werden konnte, damit Mütter mit ihren Kindern den Weg in ein gemeinsames Leben finden. Oft noch nach Jahren sind mir ehemalige Klientinnen begegnet, die voll Dankbarkeit an die Begegnung mit der Aktion Leben zurückdachten. Einmal hatte ich gerade ein Wiener Innenstadt-Restaurant verlassen, stand schon auf der Straße, als eine Frau mit einem etwa achtjährigen Buben aus dem Restaurant stürmte und mich anhielt. Sie hatte meinen Namen gehört, als sich der Wirt von mir verabschiedete. „Kennen Sie mich noch?", fragte sie. „Sie haben mir geholfen als ich mit Max schwanger war. Sie haben mir eine Anstellung gegeben, damit ich später Karenzgeld beziehen konnte." Beim Gesicht war ich mir nicht sicher gewesen, es war einfach zu lange her, aber an den Namen erinnerte ich mich sehr wohl. Die Frau war eine junge Fotografin und es war ihr damals finanziell sehr schlecht gegangen. Sie war mehrmals in die Beratung gekommen und hatte nicht nur eine Anstellung bei uns, sondern auch ein Gitterbett und Babysachen aus unserem Lager erhalten. Als kleines Dankeschön hatte sie der Aktion Leben seinerzeit wunderschöne Kinderfotos überlassen, die sie gemacht hatte und die wir für unser Informationsblatt verwendeten. Jetzt stand sie glückstrahlend vor mir, bedankte sich überschwänglich für die Unterstützung und versicherte mir, dass es ihr jetzt richtig gut geht. Ein Bekannter, ein erfolgreicher Unternehmensberater, der neben mir stand und sich vorher im Restaurant – eher aus Höflichkeit, denn aus echtem Interesse – erkundigt hatte, was ich denn so beruflich mache, war tief gerührt von der Szene. Hatte er vorher bei mir den Eindruck erweckt, dass er meine Tätigkeit nicht so recht einordnen konnte, so hatte er jetzt verstanden. „Das ist wirklich toll", sagte er, „jetzt weiß ich, was du machst."

Vergleichbares habe ich oft erlebt. Es hat mir gutgetan und mich bestärkt, nicht lockerzulassen und weiter für die Aktion Leben zu arbeiten. Für dieses Ehrenamt bin ich oft über meinen Schatten gesprungen, habe Aufgaben übernommen, die mir absolut nicht leichtgefallen sind, und investiere dafür bis heute sehr viel Zeit. Bereut habe ich es nie. Im Gegenteil, es hat mich oft tief befriedigt. Ehrenamt heißt nicht nur geben, Ehrenamt bedeutet auch viel empfangen. Und vor allen Dingen bringt es viele neue Erfahrungen und lässt einen viel Neues lernen. In der Pension bringt das Ehrenamt auch viel Gesprächsstoff in eine Beziehung. Wie oft haben mein Mann und ich Probleme erörtert, mit denen wir in unseren Ehrenämtern konfrontiert wurden. Das hält nicht nur unseren Geist lebendig, sondern auch unsere Beziehung.

Dass bei einer ehrenamtlichen Beschäftigung nicht immer alles glattgeht und manches auch ganz und gar zuwiderläuft, sollte niemanden abschrecken und davon abhalten, sich nicht trotzdem für ein Anliegen einzusetzen. Mir ist immer im Ohr geblieben, was eine meiner Vorgängerinnen, Grit Ebner, gesagt hatte: „Man darf nicht verzweifeln, wenn etwas nicht gelingt, wenn etwas eine falsche Richtung nimmt. Das Wichtigste ist, man hat sich eingesetzt, man hat nicht geschwiegen, man hat seine Hilfe angeboten."

Wenn wir in der Aktion Leben einmal niedergeschlagen waren, weil wir etwas nicht durchsetzen konnten, weil z. B. ein Gesetzesvorhaben nicht so ausgeführt wurde, wie wir es für richtig befunden hätten, tröstete uns Grit Ebner: „Wir haben alles getan, was in unserer Macht steht. Wir haben alles versucht. Wir brauchen uns später einmal keinen Vorwurf zu machen."

Dass ich mich in der Aktion Leben so betätigen konnte und noch immer kann, ist vor allem der Generalsekretärin Martina Kronthaler zu verdanken. Mit ihr habe ich eine Nachfolgerin gefunden, die die Aktion Leben in unserem gemeinsamen Verständnis weiterbringt. Uns verbindet eine gewisse Seelenverwandtschaft. Martina Kronthaler ist mehr als zwanzig Jahre jünger als ich. Auch dieser Umstand spielt eine wichtige Rolle. Lebensschutz ist ein Anliegen für Menschen jeden Alters. Ein jugendliches Image tut ihm gut. Die Repräsentanten sollten deshalb nicht nur aus älteren Personen bestehen. In diesem Sinne ist es in den vergangenen Jahren auch gelungen, die Mitglieder des Vorstandes zu verjüngen. Jugend ist kein Verdienst und Alter keine Tugend. Wenn beide in einem guten Mischungsverhältnis stehen, dann kann schon einiges gelingen. Ein karitativer Verein wie die Aktion Leben, die in die Öffentlichkeit hinein wirken will, muss Beweglichkeit ausstrahlen, Frische, Optimismus, Fortschrittlichkeit und eine gewisse Dosis Unbekümmertheit. Lauter Eigenschaften, die eher Jungen als Älteren zugeschrieben werden. Schwierige Aufgaben, die alles andere als leicht zu handhaben sind, hat die Aktion Leben schon von selbst genug.

Nach all den Schaffensjahren in der Aktion Leben wollte ich auch noch etwas Schönes tun, etwas, das nicht im Streit stand, nicht von ideologischen Sichtweisen belastet war. Es sollte etwas sein, was Spaß macht, was Menschen mit Freude verbindet. Es waren dies die Perchtoldsdorfer Krippenschau und die Geburtstagswanderungen mit Freundinnen und Freunden.

Die Perchtoldsdorfer Krippenschau hatten wir schon während der Berufstätigkeit eingeführt. Sie fand anfangs jährlich, später alle zwei Jahre statt. In der Pension sollte sie als 10. Perchtoldsdorfer Krippenschau ihren Höhepunkt erleben. Gemeinsam mit einem befreundeten Ehepaar, mit Martin und Susa Wieczorek, organisierten wir diese Veranstaltung rund um den Marienfeiertag im Advent, den 8. Dezember. Wir wollten damit einen ruhigen Gegenpol bilden zu den Weihnachtsmärkten, all den lauten, ausufernden Adventveranstaltungen, die auch in unserer Gemeinde mittlerweile üblich geworden waren. Von einer Zeit der Besinnung ist der Advent zu einem lauten Spektakel geworden, welches das Eigentliche, die Vorbereitung auf Weihnachten, nur mehr durch die Brille des Konsums betrachtet.

Perchtoldsdorf, unser Heimatort am Rande der Großstadt Wien, hat sich dank einer noch immer beachtlichen Zahl von örtlichen Weinbauern noch eine gewisse dörfliche Struktur erhalten. Traditionen werden hochgehalten, die Pflege der Kultur des Miteinanders geschätzt. Hier lebt man nicht anonym, man kennt einander und hat auch ein gewisses Vertrauen zueinander. Hierhin passte unsere Krippenschau. Sie sollte nämlich keine Verkaufsausstellung sein, sondern wir luden Perchtoldsdorfer Bürgerinnen und Bürger ein, ihre Weihnachtskrippe für die Dauer von drei bis vier Tagen in einem schönen Rahmen, in der örtlichen Spitalskirche oder der Rüstkammer der Burg zu Perchtoldsdorf, auszustellen. Diese Krippenschau war von Anfang an ein großer Erfolg. Es waren jedes Mal weit mehr als hundert Krippen, die gezeigt werden konnten: Das Spektrum reichte von alpenländischen Krippen, deren Figuren aus Holz geschnitzt und deren Ställe oft in Eigenbau liebevoll gefertigt wurden, über moderne Krippen aus Plexiglas oder Metallschrott bis zu Krippen aus Keramik oder Pappmaschee, von der künstlerischen Tonkrippe bis zu den vielen bunten Santons-Figuren aus der Provence, von den Krippen mit den bemalten Loam-Mandln bis zur Perchtoldsdorfer Weinhauerkrippe mit dem

Hütereinzug. Polnische Holzschnitzarbeiten waren ebenso zu bewundern wie Figuren aus mehreren europäischen sowie südamerikanischen und afrikanischen Ländern und aus Jerusalem. Sie alle zeigten die Vielfalt möglicher Interpretationen, und zwar nicht nur durch die gewählten Materialien, sondern auch durch die unterschiedlichen Gestalten, die sich auf den Weg zur Krippe machen.

Zur Krippenschau kamen nicht nur Familienmitglieder und Freunde derjenigen, die ihre Krippe zur Ausstellung gebracht hatten, es kamen viele Interessierte aus unserem Ort und den Nachbargemeinden. Da wir die Schau in niederösterreichischen Medien bewarben, nahmen Besucher oft auch weite Anfahrtswege in Kauf. Sie bescheinigten uns alle, dass die Perchtoldsdorfer Krippenschau die schönste ihrer Art sei, und ermutigten uns, unbedingt daran festzuhalten. Sicherlich waren es jedes Mal an die 2000 Personen, die unsere Ausstellung besuchten. Und wenn es abends auch noch eine Adventmeditation gab, eine Lesung oder ein Adventsingen, dann kehrte bei jedem Besucher Ruhe und Frieden ein.

Ich war während der Öffnungszeiten der Krippenschau eigentlich immer anwesend, musste ich doch aufpassen, dass alles geordnet ablief und die Krippen später wieder wohlbehalten in die Familien zurückkehrten. Schließlich hatten wir große Verantwortung gegenüber denen, die uns ihre Krippe zur Ausstellung überlassen hatten. Und es waren alles wertvolle Stücke, meist nicht von einem Wert, der sich hätte in Euro beziffern lassen. Der Wert bestand vielmehr in der Familientradition, in der Geschichte der Krippe, wann und wie sie entstanden war und wer sie in der Familie weitergegeben hatte. Oft bin ich mit Kindern durch die Schau gegangen, habe ihnen Geschichten über die jeweiligen Krippen erzählt und viele Gespräche mit Besucherinnen und Besuchern geführt. Es war ein Thema, das die Herzen öffnete, die Menschen sanft werden ließ, bei dem sehr viel zwischenmenschliche Empathie herüberkam. Die Wärme, die ich dabei spürte, ließ mich die Mühsal der Organisation und das lange Stehen während der Ausstellung vergessen. Am Ende fühlten wir uns wie nach einem Adrenalin-Bad, das wir Organisatoren genommen hatten.

Geburtstage „be-gehen"

Schöne Erlebnisse sind auch unsere Geburtstagswanderungen, die ich alljährlich für meinen Mann organisiere. Wir feiern seinen Geburtstag im Mai dadurch, dass wir ihn – im wahren Wortsinn – begehen, und zwar zu Fuß, ob bei Sonne oder auch bei Regen. Wir laden einen Freundeskreis ein, mit uns gemeinsam ein Stück Weg zu wandern in Richtung Mariazell. Die Wanderungen sind durchaus auch körperlich herausfordernd, gehen wir doch in der Regel fünf Stunden. Zuerst führte uns der Weg durch den Wienerwald und dann später durch das Voralpenland. Jeder Teilnehmer, jede Teilnehmerin erhält am Beginn ein „Pschoad-Packerl" und dann geht es los. Wir sind immer um die zwanzig Personen, die sich auf den gemeinsamen Weg machen. Manche kennen sich schon gut, manche lernen sich auf der Wanderung erst näher kennen. Es ist Zeit für Gespräche, aber auch Zeit, einfach nur zu gehen, um den Kopf frei zu bekommen und die schöne Natur zu genießen. Am Ende erwartet uns ein Gasthaus zum Einkehren. Stets dazu gehört — wie ich es nenne — auch ein spirituelles Element. Im Stift Heiligenkreuz war es einmal eine Andacht, dann das Chorgebet der Mönche oder ein gemeinsames Gebet am Start und ein gemeinsamer Gesang in einer Kapelle am Weg. Unsere erste Etappe führte uns von Perchtoldsdorf nach Heiligenkreuz. Inzwischen haben wir Mariazell erreicht und Pater Karl Schauer, der Superior der Priestergemeinschaft in Mariazell, hat uns zum Schluss mit einer innigen Andacht in der wunderschönen Basilika empfangen. Für alle unsere Mit-Geher ein Erlebnis, das sicherlich lange in Erinnerung bleibt. Unsere nächsten Ziele sind schon ausgemacht, sie liegen auf dem österreichischen Jakobsweg. Wir hoffen sehr, dass wir den ehrgeizigen Plan, jedes Mal etwa fünf Stunden zu wandern, noch recht lange aufrechterhalten können. Mit uns unterwegs sind übrigens nicht nur „Ruheständler", sondern auch Freunde, die noch im Arbeitsleben stehen. Die Wanderroute bietet jedoch auch für sie genügend Herausforderungen.

Clemens Steindl

Gelingendes Altern. Es gibt viel zu tun

Alter ist nicht das Grau der Haare,
Alter ist auch nicht die Zahl der Jahre.
Alt ist, wer den Humor verliert
und sich für nichts mehr interessiert.
Aus einem Internet-Blog

Mit Idealismus ins Ehrenamt

Das Leben als Pensionist hat viele Vorteile, weil es eine neue Lebensqualität ermöglicht. Etwas flapsig formuliert, lässt sich sagen, im Alter bzw. in der Pension brauche ich nur noch das zu machen, was mir Freude macht: Hobbys, Aktivitäten zur Verbesserung der Fitness und zur Erhaltung der Gesundheit – oder Aufgaben, die ich freiwillig für andere erbringe. Ich habe im Laufe meines Lebens in verschiedensten Bereichen Freiwilligenarbeit geleistet: während des Studiums, in den turbulenten 68er-Jahren, als Studentenfunktionär, später unter anderem als Elternvereinsobmann am Gymnasium, solange meine Kinder zur Schule gingen. Ich war auch fast ein Jahrzehnt als Gemeinderat in meinem Wohnort tätig. In dieser Zeit ist auch eine „Kulturwerkstatt" mit bestens besuchten Veranstaltungen aufgezogen worden.

In der Pension wurde ich gebeten, ein spannendes Ehrenamt zu übernehmen. Ich habe es in der

Tat als „Ehre" aufgefasst, als mir angetragen wurde, Präsident des Katholischen Familienverbandes zu werden. Aus meiner politischen Erfahrung – ich war viele Jahre als Büroleiter bei Alois Mock in seiner Zeit als Bundesparteiobmann der ÖVP tätig – wusste ich vom hohen Stellenwert dieser Organisation. Dass ich in den letzten Jahren weniger von den Aktivitäten dieses Verbandes wahrgenommen hatte, führte ich auf meine veränderte Interessenslage zurück. Beruflich war ich ja nach meiner engen Mitarbeit bei Alois Mock und danach für wenige Jahre bei Siegfried Ludwig, dem niederösterreichischen Landeshauptmann, im Bankenbereich tätig.

Mich erreichte also als Pensionist die Einladung, an der Spitze des Katholischen Familienverbandes einzusteigen. Nach einer kurzen Nachdenkphase nahm ich voller Begeisterung an. Es traf sich zeitlich günstig, dass ich auf dem Weg zum „Philosophicum", das in Lech am Arlberg stattfindet, mit dem Vorsitzenden der Wahlkommission in Innsbruck einen Termin vereinbaren konnte. Von ihm bekam ich ein sehr attraktives Bild von den Möglichkeiten in diesem „Ehren"-Amt gezeichnet. Danach stand für mich fest, mich in diese neue Aufgabe „voll und ganz" einzubringen. Der Verweis auf meine Situation als Quereinsteiger, der, wie ich gerne betonte, bislang „vereinskatholisch nicht sozialisiert" war, wurde damals positiv bewertet. Die Wahl erfolgte dann auch einstimmig.

Nun konnte ich also loslegen – und beschloss, dafür mein Senioren-Studium abzubrechen. Inzwischen hatte ich schon drei Semester absolviert und es schien mir zeitlich nicht möglich, das Studium fortzuführen und parallel die Funktion des Präsidenten auszufüllen. Der Abbruch des Studiums fiel mir überhaupt nicht leicht, doch der Einstieg in ein neues Tätigkeitsfeld sollte das aufwiegen. So meine Erwartung.

Meinen Ruhestand konnte ich mir nur als einen aktiven vorstellen und der Familienverband bot mir eine Möglichkeit dazu. Mit den inhaltlichen und politischen Zielen konnte ich mich bestens identifizieren. Für diese ließ ich mich sehr gerne einspannen. Ich engagierte mich – und das war nach dem dreisemestrigen Studium die zweite Phase meines Lebens „nach dem Beruf" – voller Idealismus und Freude als Präsident der größten familienpolitischen Organisation des Landes. Es war für mich mehr als nur ein „Job". Die Vorhaben und Perspektiven des Familienverbandes wurden der motivierende Inhalt in den folgenden drei Jahren. Warum nur drei Jahre? Gerne wäre ich noch drei weitere Jahre dabei gewesen. Doch manches kommt eben anders, als man denkt. Im konkreten Fall sogar völlig und überraschend anders, als ich es mir hätte träumen lassen.

Mit Begeisterung und einem Zeitaufwand, der de facto einem Ganztagsjob entsprach, nutzte ich von Beginn an die Chance, für die Familien in ihren vielfältigen Lebensformen vor dem Hintergrund eines klaren Weltbildes öffentlich einzutreten, Symposien zu organisieren, öffentlichkeitswirksame

Aktionen zu starten. Der Verband wurde als starke Lobby für die Familien wahrgenommen und mit dem Begriff „katholisch" wurde auch signalisiert, dass es um Positionen im Horizont eines eindeutigen Menschenbilds geht. Das offensive Eintreten für die Familien und die damit zusammenhängenden ideellen und materiellen Ziele fanden beachtliche öffentliche Resonanz.

Mit Zufriedenheit blicke ich auf das zurück, was in diesen drei Jahren gelungen ist. Danach sollte ein „jüngeres Gesicht" an die Spitze des Verbandes, wie in konklave-ähnlicher Abschottung und bemühter Geheimhaltung vom Wahlgremium beschlossen wurde. Meine Bitte, zu diesem Wahlgremium eingeladen zu werden, wurde nicht einmal ignoriert. (Bei einem Konklave dürfen schließlich auch nur die Auserwählten entscheiden …) Für manche „in Ehren ergraute" Funktionäre waren – so ein markanter Vorwurf – der Familienverband und ich „öffentlich zu präsent". Diese als Vorwurf gedachte Kritik löste nicht nur bei vielen Journalisten ungläubiges Kopfschütteln aus.

„Was drei wissen, wissen hundert!" Was von Johannes Agricola im 16. Jahrhundert geschrieben wurde, trifft auch heute zu. Denn manche Teilnehmer eines Konklaves reden eben gerne. Als ich auf diese Weise erfuhr, dass mir das Vertrauen entzogen wird, erinnerte ich mich an einen Song von Joesi Prokopetz: „Na guat, dann net, ma draht si um und geht!" Das habe ich dann auch gemacht und habe mein Ehrenamt zurückgelegt. Der Vorteil des von außen kommenden Quereinsteigers, der mit seinen Ideen und Projekten auf die in Jahren gewachsenen Strukturen, vor allem jedoch auf ebenso lange gepflegte Befindlichkeiten trifft, kann auch zum Nachteil werden. Im konkreten Fall schlug nicht ein geheimnisvolles Imperium zurück, sondern eine geschlossene Gesellschaft.

Als nunmehr gewesener katholischer Verbandsfunktionär hat mir gutgetan, bei Matthäus 10,14 nachzulesen. Dort heißt es, man solle sich „den Staub von den Füßen schütteln". Dieser symbolhaften Empfehlung bin ich nachgekommen und habe mich von diesem Ehrenamt getrennt. Nicht verärgert, wie manche meinen, sondern enttäuscht von manchen Akteuren. Was mich indes gefreut hat und noch immer freut, sind die vielen anerkennenden und dankenden E-Mails und Gespräche, die ich nach meinem Ausstieg erhielt bzw. führte. Sie sind eine Bestätigung für die Richtigkeit dessen, was ich beim und für den Familienverband eingebracht habe, nämlich „Freude an und mit der Familie" sowie „Freude an und mit Kindern" zu vermitteln. Von diesen Mails sei nur eines von einem gut bekannten kirchlichen Repräsentanten zitiert: „Du warst der großartigste KFÖ-Präsident, den ich jemals wahrgenommen habe. Erstmals wurde wieder ein Engagement der Kirche – und zwar der Laien, die sonst oft nur innerkirchliche Problematisierungen langweilen! – in den weltlichen Raum hinein sichtbar! Du hast gut für die Familie gekämpft! Dein öffentliches Auftreten war kompetent, notwendig und hat vielen gezeigt, dass die Kirche am richtigen Platz steht. Vergelt's Gott für alles! Lass Dir's nicht verdrießen. ‚Freut euch und jubelt, euer Lohn im Himmel wird groß sein!' Der schönste Lohn für Engagement ist ja immer der ‚Fußtritt' durch die, die eigentlich mit einem kämpfen sollten. Dann ist der himmlische Lohn besonders groß!"

Ehrenamt: neue Chancen im Alter

„Seine Freude in der Freude des anderen finden können, das ist das Geheimnis des Glücks." Von Georges Bernanos, den man gemeinhin als christlichen Schriftsteller bezeichnet, stammt dieses Zitat, mit dem sich viele identifizieren können, die nach den Berufsjahren in unterschiedlichster Weise aktiv sind. Freiwillig für andere etwas tun. Auch das kann einen im Alter fordern. Daher sehen viele Menschen in der Freiwilligenarbeit eine neue Chance, die sich im Alter bietet. Das Wort freiwillig besteht aus zwei Teilen: Man entscheidet sich „frei", etwas zu tun, was seinen Neigungen und Kompetenzen entspricht. Und man ist „willig". Dieses Wort gab es schon bedeutungsgleich im Althochdeutschen. Es drückt nichts anderes aus, als dass man gerne bereit ist, etwas zu tun; dass man gerne bereit ist, Arbeiten auf sich zu nehmen; dass man gerne bereit ist, sich zu engagieren.

Gerade für Senioren bietet sich hier ein unermesslich und unerschöpflich weites Feld – und ein Mehrwert in drei Richtungen: für die Gemeinschaft, in der man sich einbringt, für andere, denen dieses Engagement zugutekommt, und schließlich für einen selbst, der durch eine sinnerfüllende Tätigkeit seine Zeit aktiv und produktiv gestaltet. Diese Art von Engagement ist meist unbezahlt, aber weder umsonst noch vergebens, weil der Einzelne daraus einen individuellen Gewinn ziehen kann. In einer gewissen Verkürzung ließe sich behaupten, dass im Unterschied zur Erwerbsarbeit, die der Existenzsicherung dient, die Freiwilligenarbeit einen Beitrag dazu leistet, seinem Leben Sinn zu verleihen.

Es gibt unzählige, ganz hehre Bemerkungen zur Freiwilligenarbeit. Sie reichen von Johannes Chrysostomus, dem im 4. Jahrhundert lebenden Kirchenlehrer, der das „wahre Glück nicht in dem sieht, was man empfängt, sondern in dem, was man gibt", bis zum bedeutendsten Aktionskünstler der Gegenwart, Joseph Beuys, von dem die Aussage stammt: „Es gibt keine befriedigendere Methode der Selbstverwirklichung, als am Aufbau einer guten Gesellschaft mitzuwirken."

Es sind die Freiwilligen, die Zeit schenken, Leistungen erbringen und auf Geld verzichten. Ihr Angebot heißt üblicherweise: Engagement, Begeisterung und Identifikation. Das sind natürlich auch Kriterien, die in einer erfolgreichen und zufrieden machenden Berufsausübung unerlässlich sind. Jenseits der Berufsjahre lassen sich diese Kriterien dort leben, wo sie einem Freude machen und Freude bringen, weil sie ein unverzwecktes Tun darstellen.

An oberster Stelle bei der Motivation für freiwilliges Engagement im Alter steht, dass es „Freude machen soll" und dass man anderen helfen will. Ganz weit unten steht die „gesellschaftliche Anerkennung". Es geht also nicht mehr um die von Dritten zuerkannten Lorbeeren, sondern darum, „für das Gemeinwohl nützlich" sein zu wollen und aktiv bleiben zu können. Übrigens: Einer der am häufigsten genannten Gründe für das Nicht-Engagement ist „niemals gefragt worden" zu sein. Auch dass man „schlechte Erfahrungen gemacht" hat, ist ein Hinderungsgrund, sich freiwillig einzubringen.

Im Alten Testament findet sich im Buch Joel 3,1–2 die Stelle: „Jeder Mensch hat Begabungen, die geschenkt sind, jedoch vom einzelnen Menschen zu entfalten sind." Gerade in der Freiwilligenarbeit können Ruheständler Fähigkeiten und Talente entfalten, die möglicherweise im Berufsleben nicht zur Geltung kamen. Andererseits können erworbene Fähigkeiten, erprobte Kompetenzen und vielfältige Erfahrungen im „aktiven" Ruhestand im bisherigen Umfeld oder in neuen Umfeldern eingebracht werden.

Freiwilligenarbeit bzw. ehrenamtliche Tätigkeit ist praktizierte Solidarität in einer Gesellschaft, die auf diesen Einsatz angewiesen ist. Insbesondere auf den Einsatz der Älteren, die zahlenmäßig eine unaufhaltsame Größe sind in einer gesellschaftlichen Situation, in der einer stetig steigenden Lebenserwartung immer weniger Geburten gegenüberstehen. Noch nie gab und gibt es so viele gesunde und rüstige ältere Menschen wie gegenwärtig und zukünftig. Verallgemeinernd und möglicherweise herabwürdigend vom „Alter" zu reden, macht längst keinen Sinn mehr. Die öffentliche bzw. mediale Wahrnehmung hat meist nur die Gebrechlichen, die Pflegebedürftigen im Visier und richtet damit den Blick eher auf die „passiven Alten" als auf die „aktiven Alten". Dabei steckt gerade in dieser Gruppe ein riesiges Potenzial, das Produktwerbung und Reiseveranstalter, Verjüngungsmediziner und Fitnesstrainer schon längst für sich entdeckt haben, worunter die öffentliche Wahrnehmung leidet: „Junge Alte" gelten als Konsumenten, während kaum gesehen wird, wie sehr sie ehrenamtlich tätig sind.

Freiwilligenarbeit ist das Kontrastprogramm zu einer gegenläufigen Entwicklung, die als „Cocooning" durch die US-Trendforscherin Faith Popcorn einen begrifflichen Status erlangt hat. „Cocooning" steht für Desinteresse, Neues zu entdecken, für den Verzicht auf Neugierde und für unter den Bedingungen der Individualisierung um sich greifende Gleichgültigkeit und Nicht-Teilhabe am Geschehen außerhalb der eigenen vier Wände. Übersetzt bedeutet „Cocooning" ja nichts anderes, als dass man wie in einem Kokon, der Verpuppungsphase etwa eines Schmetterlings, abgeschottet und auf sich selbst konzentriert lebt. Auch wenn der Begriff schon nicht mehr so oft gebraucht wird wie vor ein paar Jahren, das Phänomen des Rückzugs in die eigene, kleine Welt ist allgegenwärtig. Keine Frage, es braucht Zeiten des Rückzugs, Phasen der Selbstfindung, sodass auch diese Zeit nicht „verschenkt" sein muss, sondern als Geschenk erfahren werden kann. Aber nach meiner Erfahrung hat dieser Rückzug nur einen Wert im Wechselspiel mit Engagement und Aktivität, als Tankstelle auf der Fahrt des Lebens, die mit der Pensionierung noch lange nicht am Ziel ist.

Aktiver Ruhestand: Senioren-Studium

Nach dem beruflichen Ausstieg hatte ich – wie geplant – ein weiteres Studium begonnen. Ich startete mit einer gewissen Unsicherheit, was denn so alles auf mich zukommen werde, und einer ebenso großen Neugierde, wie denn das jetzt alles sein werde und was sich in den letzten vierzig Jahren seit meinem Studienende verändert habe. Die erste Überraschung: Die Warteschlangen der Studierenden sind unendlich lang, winden sich über Flure und diejenigen, die stundenlang ausharren müssen, haben sich mit Wasserflaschen, Jausenbroten und Lektüre darauf eingestellt und beweisen eine Engelsgeduld. Im Internet finde ich als Begriffserklärung für Engelsgeduld: etwas „verzeihend erdulden" bzw. etwas „vergebend ertragen". Die zweite Überraschung: seit dem Abschluss meines Studiums als junger Mann hat sich kaum etwas verändert. Weder in der Infrastruktur noch in der Raumausstattung – sieht man von den installierten Beamern ab, die meist auch funktionieren –, auch nicht in der Einrichtung der Hörsäle und der Seminarräume. Drit-

te Überraschung: Die Verschulung ist weit fortge-
schritten und die Studierenden haben sich diesem
Prozess angepasst und reagieren unterwürfig. „Vor-
Lesungen" kennzeichnen noch immer den universitären Massenbetrieb; noch immer wird mit Krei-
de auf Tafeln geschrieben. Internet-Lernen, wie in
den Unternehmen längst üblich, in denen später
die Studenten tätig sein werden, ist nur in Ausnahmefällen möglich.

Als Senior-Student erlebte ich den Kampf um
Sitzplätze in den Hörsälen und ein unwürdiges Ge-
dränge in überfüllte Hörsäle. So als sei ein Alarm
ausgebrochen und alle wollen gleichzeitig hinaus.
Doch es geht hinein in die überfüllte Massenvor-
lesung. Ich bin nicht der einzige Alte im Hörsaal,
doch stelle ich mir immer wieder die Frage, ob ich
den Jüngeren nicht einen Platz wegnehme. Dieses
Gefühl schiebe ich beiseite, denn bei den Studierenden wird man einfach akzeptiert. Insbesondere das Know-how der Älteren ist bei der Erstellung
von Seminararbeiten willkommen. Trotzdem muss
man unter den beengten Bedingungen übervoller
Hörsäle und dem kaum steuerbaren universitären
Massenbetrieb fragen, welche Berechtigung Senio-
ren-Hörer, die natürlich bezahlen, haben. Für mich
kann ich nur sagen: Ich habe mich gelegentlich un-
wohl, ja sogar deplatziert gefunden. Auch wenn
mir niemand dieses Gefühl vermittelt hat, weder
die Studierenden noch die Lehrenden.

Das Interesse der Altgewordenen, ihr Wissen zu
erweitern, ihre intellektuelle Neugierde zu befrie-

digen und an der Entwicklung der Wissenschaften teilzuhaben, ist natürlich berechtigt. Würden dafür spezielle „Senioren-Unis" geschaffen, würde das sowohl den Senioren entgegenkommen als auch den jungen Studenten, denen dadurch nicht die Plätze „versessen" werden. Denn das durchaus diskutable Argument, im Miteinander von Alt und Jung bestünde eine zusätzliche Lernqualität, sollte nicht überbewertet werden. Unbestritten sollte auch sein, dass von den Senioren-Studenten eine angemessene Gegenleistung zu erwarten ist. In einer eigenen „Senioren-Uni" wäre das wohl am einfachsten zu bewerkstelligen – jenseits der mühsamen Debatte, die in Österreich seit Jahren um die Studiengebühren geführt wird.

In den drei Semestern, in denen ich ordnungsgemäß Zeugnisse erwarb, um – wie es so schön heißt – meinen Studienfortschritt auch zu dokumentieren, habe ich viel profitiert, spannende Diskussionen mitgemacht, viel Neues erfahren und dadurch auch vielfältige Einblicke in fremde Kulturen gewonnen. Den Völkerkundlern, oder wie es besser heißen sollte: den Anthropologen, geht es um „Gemeinsamkeiten in der kulturellen Verschiedenheit", um Besonderheiten und Differenzen der Menschheits-Entwicklung. Das Studium der „Völkerkunde" ist in der Tat eine intellektuelle Bereicherung! Auch und gerade für Pensionisten!

Ich habe Arbeiten zu Themen verfasst, die mich sehr interessierten und zeitlich auch stark in Anspruch nahmen. Zu bewegenden Themen, für die es im beruflichen, also außer-studentischen Leben wenig bis keinen zeitlichen Platz gibt. Jetzt aber konnte ich mich beispielsweise ausgiebig mit der Herkunft, Verwendung und Bedeutung afrikanischer Masken befassen, was für mich nach einer Afrikareise einen weiteren Erkenntnisgewinn brachte. In Tattoo- und Piercing-Studios habe ich Feldforschung betrieben und wurde mit dem weiten Thema der „Körpermodifikationen" konfrontiert, dem damals auch eine große Ausstellung im Frankfurter Museum der Weltkulturen gewidmet war. Überaus anregend waren manche Vorlesungen. Besonders fasziniert mich bis heute ein Thema, zu dem ich eine mich packende Arbeit geschrieben habe: Es ging um das Weiterleben von Traditionen, die sich aus „vorreligiösen Bewusstseinsformen" entwickelt haben. Das Thema „Schamanismus und Prophetie im Alten Testament", das mich seither bewegt, konnte natürlich nur andeutend in einem Semester bewältigt werden. Zu den Traditionssträngen, die heute noch sichtbar sind, gibt es aber viel Literatur. Inzwischen auch bei mir zu Hause. So werden Vergleiche zwischen der „Jakobsleiter" und dem schamanischen „Lebensbaum" gezogen. So werden Parallelen gefunden zwischen dem Mantel der Schamanen und dem der Propheten, weil dadurch die herausgehobene Position der Träger für die Allgemeinheit sichtbar wurde. Diese Tradition findet ja bis heute in den Priesterkleidern oder den Talaren verschiedener Berufsgruppen ihre Fortsetzung.

Kein Mangel an Vorhaben

Ich erfahre es als bereichernd, dass ich jetzt in der Pension Interessen und Hobbys wieder in den Vordergrund rücken kann, die ich als Berufstätiger schon allein aus Zeitmangel zurückstellen musste. Als Ersatz für unerfüllte Kindheitswünsche hatte ich eine Modelleisenbahn angeschafft, als unser Sohn ins „Eisenbahnalter" gekommen war. Die Züge und Schienen und manches Zubehör sind nun schon jahrelang im Keller staubsicher gelagert und warten darauf, in Betrieb genommen zu werden. Das wird freilich nicht so ohne Weiteres gehen, denn inzwischen hat die Technologie auch bei den Modellbahnen Einzug gehalten. Das bedeutet, dass ich meine alten Loks und eben alles, was dazugehört, umrüsten muss. Eine schöne Beschäftigung für die Pension. ... aber wann werde ich dafür Zeit finden?

Jetzt wäre auch eine gute Gelegenheit, in fröhlicher Tarockrunde manche Abende zu verbringen. Spielfreudige Menschen warten schon lange auf die Einladung. Auch zahlreiche Fotos von unseren Reisen in den letzten Jahren warten auf die Aufarbeitung. Dias aus der vordigitalen Zeit des Fotografierens warten aufs Einscannen. Und manches andere, was sich zu zeitverschlingenden Hobbys ausweiten könnte, wartet, in Angriff genommen zu werden. Es gibt viel zu tun! Und: Es mangelt nicht an Vorhaben!

Ja, auch sportlichen Aktivitäten werde ich bzw. werden wir mehr Raum geben müssen. Ist doch das

Wohlbefinden auch von der körperlichen Situation abhängig. Wehmütig denke ich an meine Kondition, die ich zu Berufszeiten aufgebaut habe. Fast täglich bin ich am Morgen zum Laufen gegangen. Doch lang, lang ist's her …

Inzwischen freuen wir uns im Winter, wenn's zum Langlaufen geht. Es ist schön, durch die Natur und zwischen schneebedeckten Bäumen zu gleiten. Das alpine Schifahren, ohnehin nie eine besondere Stärke von uns, haben wir aufgegeben, als uns unsere Kinder auf den Pisten haben „stehen lassen".

Wir sind beide seit wenigen Jahren Golfer. Aus Freude an einem Sport, bei dem man sich in der Natur bewegt. Denn viele Golfplätze fügen sich wunderschön in die Natur ein und machen den Kampf mit dem kleinen weißen Ball zu einem Naturerlebnis. Es sind sportliche Gründe, die uns zum Golf brachten, und nicht irgendwelche gesellschaftlichen oder beruflichen Zwänge. Dieser Sport eignet sich unseres Erachtens auch bestens für Paare. Denn Golfen ist ein Sport, den man zwar miteinander betreibt, bei dem aber jeder seine individuellen Fähigkeiten und Stärken einbringt. Ob ein Ball gut gelingt oder nicht, ist einzig und allein durch mich selbst verursacht. Bei der Suche nach Schuldigen gibt es daher keine Ausflüchte, so wie das beim Tennis durchaus geschehen kann. Da hat dann der Kontrahent unfair oder „gemein" gespielt, wenn man den Ball nicht erreicht. Bei Nicht-Golfern ist ja die Meinung verbreitet, dass die Zeit des Golfens dann beginnt, wenn das Alter seinen vermeintlichen Tribut fordert, weil es von außen so aussieht, als ob die Entschleunigung zum Wesen des Golfens gehört. Die Praxis hingegen zeigt, dass dieser Sport zwar viel Zeit beansprucht, aber auch körperliche Anstrengung. Einige Kilometer bei einer „Runde" zurückzulegen, ist das Übliche und hält außerdem fit.

Apropos Entschleunigung: Ich registriere bei mir eine beachtliche Verhaltensänderung, die ich vor Kurzem noch für undenkbar eingeschätzt hätte und für völlig ausgeschlossen hielt. Wir haben uns in der Pension ein Auto gekauft, in das man bequemer einsteigen und etwas höher sitzen kann. Ein altersgerechtes Auto also. Mit der überraschenden Folge, dass ich inzwischen recht konsequent die vorgeschlagenen Tempolimits auf der Autobahn einhalte, wobei ich zweierlei entdecke. Erstens, dass man auch mit gemächlicher Fahrweise gut und weniger gestresst ans Ziel kommt, und zweitens, dass es eigentlich nur wenige gibt, die ihre Dynamik durch Schnelligkeit demonstrieren wollen.

Mitmachen. Dabei sein

Natürlich trifft auch auf mich zu, was man vielen älteren Menschen nachsagt. Auch ich bin einer, der noch mitmachen möchte, der gerne dabei sein und gebraucht werden will – ohne mich aufzudrängen. Gerade auch in Ehrenämtern, die ja für leistungswillige und arbeitsfreudige Menschen eine gute Möglichkeit sind, die in den langen Lebensjahren zuvor gesammelten Erfahrungen unter neuen Bedingungen einzubringen. Letzteres kann ich – zumindest bis zum jetzigen Zeitpunkt – im Genossenschaftsverband, der Dachorganisation der Volksbanken. Nach wie vor bin ich hier als „Berater des Vorstands" in zeitlich überschaubarem Umfang aktiv. Unter schwierigen Bedingungen der Finanz- und Bankenkrise ist der Doyen des Verbandes, Hans Hofinger, redlich bemüht, die schon erwähnte „Volksbanken-Familie" lebendig zu halten. Für mich sind es gute Jahre, die ich noch dabei sein kann und die es mir ermöglichen, unter anderem bei einem „International Training for Executive Managers" mitzumachen, das weltweit für die Mitglieder dieser genossenschaftlichen Bankengruppe angeboten wird. Ein wirklich spannendes Projekt, bei dem man am Puls der Management-Entwicklung bleibt!

Kapitel 4

FAMILIE LEBEN ALS GROSSELTERN

Gertraude Steindl

Neuen Horizonten entgegen

Ich lebe mein Leben in wachsenden Ringen,
die sich über die Dinge zieh'n.
Ich werde den letzten vielleicht nicht vollbringen,
aber versuchen will ich ihn.

Rainer Maria Rilke

… mit dem Enkelkind

Eine völlig neue Dimension in unser Leben hat Clara gebracht, unser Enkelkind. Unsere Tochter hat sie am vergangenen Palmsonntag auf die Welt gebracht. Wie zart und klein so ein neugeborenes Baby ist, hatte ich schon vergessen. Umso glücklicher bin ich, wenn ich sie im Arm halten und umhertragen darf, wenn ich ihr Lieder singe, sie streichle und wickle, sie mir ein Lächeln schenkt.

Als ich bei einem Zusammentreffen in der Aktion Leben nach dem soeben geborenen Enkelkind gefragt wurde, reagierte ich wie alle Großmütter. Ich beschrieb sie als das entzückendste, liebste und schönste Baby. Worauf meine Tischnachbarin meinte: „Nur noch diese Woche! Nächste Woche kommt mein Enkelkind auf die Welt!" Aber Spaß beiseite, Clara ist unsere größte Freude jetzt im Alter. Gerne nehmen wir jede Einladung wahr, um mit Clara zusammen sein zu können, für sie lassen mein Mann und ich alles andere liegen und stehen. Wir kommen auch gern als Babysitter. Was oft einiges Jonglieren bedeutet, weil auch unser Terminkalender nicht leer ist.

Ich empfinde ein unbeschreibliches Glück, wenn mich Clara anlächelt und mit einigen gurrenden Lauten mit mir kommuniziert. So ein kleines Menschenkind ist ein faszinierendes Geschenk für seine Umgebung, für die Eltern wie für die Großeltern. In der Regel sehe ich sie zweimal in der Woche, jedes Mal hat sie sich ein neues Stück Welt erobert. Ich male mir schon aus, wie es sein wird, wenn sie krabbelt oder dann später auf den eigenen Beinchen steht, und was wir gemeinsam mit ihr unternehmen werden. Clara hat jetzt Priorität in unserem Leben. Wir sind gespannt, wie sich das kleine Persönchen entwickelt, und dankbar, dass wir dabei sein dürfen. Schon jetzt meine ich feststellen zu können, dass sie ein offenes, waches, liebevolles und in sich ruhendes Mädchen sein wird. „Mit einem Lächeln in die Welt", schrieben wir einmal auf die Titelseite der Zeitung der Aktion Leben. Nichts könnte besser zu Clara passen!

Für unsere Tochter werden die nächsten Monate nicht leicht sein. Sie wird wieder mit 20 Wochenstunden in ihren Beruf zurückkehren und nebenbei auch ihr Zweitstudium der Psychologie beenden. Ihr Partner wird nach ihr in Karenz gehen. Trotzdem wird es vermutlich eng werden und die beiden werden froh sein, wenn die Großeltern einspringen. Aber sie sind jung, haben viel Kraft und auch die

Energie, ihr Leben mit dem Kind, vielleicht auch mit mehreren Kindern zu meistern. Wie schön ist es doch für uns, gebraucht zu werden und zur Verfügung stehen zu können. Wenn ich meinen Computer einschalte, sehe ich Clara auf verschiedenen Fotos als Bildschirmschoner. Da strömt eine warme Woge direkt in mein Herz. Ich liebe Kinder. Mit ihnen können wir Erwachsenen wieder selbst die Welt neu entdecken und achtsam werden auch für die kleinen Dinge in unserem Leben. Sie sind der Sonnenschein in unserem Leben. Für uns bedeutet Clara, wie Hannah Arendt es so treffend ausgedrückt hat, „das Wunder, das den Lauf der Welt unterbricht".

… mit der betagten Mutter

Der aus Alt-Österreich stammende Psychoanalytiker Wilhelm Reich hat einmal geschrieben: „Wahres Leben bewegt sich nach vorn in unbekannte Bereiche." Die Einladung, die er ausspricht, gilt auch für das Leben nach dem Berufsleben. Wer Altes hinter sich lässt, wird offen für Neues, kann Neues erfahren und lernen. Doch das ist leichter gesagt als getan. Im Neuen muss man sich erst bewähren. Neues ist fremd, verlangt Neuorientierung, kann Angst machen und wirft einen zumindest einmal aus dem alten Trott. Neu war für mich der Umgang mit sehr alten Menschen – mit meiner betagten Mutter.

Ich hatte keinerlei Erfahrung mit dem Leben sehr alter Menschen, auf die ich hätte zurückgreifen können, keinerlei Ahnung davon, wie sich Demenz schleichend bemerkbar macht. Es begann vor einigen Jahren damit, dass meine Mutter plötzlich ankündigte, sie werde zu Weihnachten nicht zu uns nach Perchtoldsdorf kommen, sie wolle einmal in ihren eigenen vier Wänden in Gelnhausen bleiben und die Weihnachtszeit dort genießen. Das war neu: Seit dem Tod meines Vaters hatte meine Mutter viele Jahre lang die Ferien mit uns zusammen verbracht. Als die Kinder aus dem Haus waren und unsere Reisen weiter entfernte Ziele anstrebten, fuhr meine Mutter mit ihrer Schwägerin an die Ostsee, Weihnachten aber feierte sie immer bei uns in Perchtoldsdorf. Ich nahm die Ankündigung zunächst nicht ernst und dachte, es sei noch weit dorthin und sie werde ihre Meinung sicherlich wieder ändern. Weit gefehlt, sie blieb dabei und versuchte es mir schmackhaft zu machen, indem sie mich damit tröstete, sie werde nicht allein sein und das Fest mit meinem Bruder und seiner Frau verbringen, die im selben Haus wohnen. Wir waren traurig, Omi fehlte uns. Zu Weihnachten war sie letztlich doch allein, was sie mir erst sehr viel später eröffnete, was sie aber auch nicht störte.

Als ich sie dann im folgenden Sommer das nächste Mal sah, fiel mir auf, dass sie recht vergesslich geworden war. Den Sommerurlaub verbrachten wir gemeinsam an der Ostsee. Wir kauften ihr ein Handy, damit sie uns in der Zeit, in der wir Golf spielen wollten, jederzeit erreichen konnte. Es hat mehrere Tage gedauert, ihr den Betrieb des Handys zu erklären. Von einem auf das andere Mal wusste sie nicht mehr, was sie tun sollte, wenn sie uns anrufen wollte. Ihre Vergesslichkeit verstand sie humorvoll zu überspielen. Wir übten die Handynutzung täglich mit ihr. Als sie es dann endlich beherrschte, meinte sie, sie wolle jetzt auch noch lernen, SMS zu verschicken. Wozu es allerdings nicht mehr kam. Meine Mutter war damals schon 90 Jahre alt und bis zu diesem Zeitpunkt total fit. Nur die lange Bahnfahrt zu uns nach Perchtoldsdorf, sie dauert immerhin sieben Stunden, wollte sie nicht mehr auf sich nehmen. Ich fing viel zu langsam an zu begreifen, dass sie nicht mehr so unternehmungslustig und leistungsfähig war wie früher und ihr Kurzzeitgedächtnis stark nachgelassen hatte. Vielleicht wollte ich auch ganz einfach noch nicht wahrhaben, was ihr durchaus zustand: müde zu sein, bequemer zu werden und sich auch gehen zu lassen.

Bei meinem nächsten Kurzbesuch in Gelnhausen fiel mir auf, dass meine Mutter das Interesse an ihren vielen Grünpflanzen verloren hatte und sie nicht mehr goss. Dabei war ihr immer nachgesagt worden, den sprichwörtlichen „grünen Daumen" zu haben. Bei ihr gediehen alle Pflanzen auf das Prächtigste. Zunächst verstand ich das nicht und drückte ihr die Gießkanne in die Hand. Später fand ich die volle Gießkanne im Bad wieder. Sie hatte also das Gießen ganz einfach wieder vergessen. So erging es ihr auch beim Kochen. Bei einigen Töpfen in der Küche bemerkte ich, dass in ihnen offenbar etwas angebrannt war. Sie hatte darin Kartoffeln aufgesetzt und dann die Küche verlassen. Darauf angesprochen reagierte meine Mutter mit Achselzucken und Gleichgültigkeit. Meine Mutter begann, sich langsam, aber stetig aus dem, was sie umgab, zurückzuziehen.

An und für sich war ausgemacht, dass ich meine Mutter zu uns hole, wenn sie einmal nicht mehr kann. Doch dieses Vorhaben scheiterte schon viel früher, als ich sie – es war wieder kurz vor Weihnachten – zu uns zu Besuch nach Perchtoldsdorf holen wollte. Ich richtete es so ein, dass wir gemeinsam nach Wien hätten fliegen können und ich sie auf diesem Weg auch wieder zurückgebracht hätte. Meine Mutter, mit der ich die Planung am Telefon besprochen hatte, reagierte mit Panik, als ich sie in Gelnhausen abholen wollte. Sie wollte absolut nicht von zu Hause fort. Dass sie nicht mit den Enkelkindern zusammen sein würde, dass die Flugtickets verfallen, das alles waren für sie keine Argumente. Ihre Ärztin machte mir schließlich klar, dass ich die Pläne, meine Mutter zu uns zu holen, ein für alle Mal aufgeben sollte. Meine Mutter zeige Anzeichen einer fortschreitenden Demenz. Wir sollten sie in den eigenen vier Wänden belassen, dort würde sie sich wohlfühlen, alles andere würde ihr Gleichgewicht vollkommen durcheinanderbringen und ihren baldigen Tod bedeuten. Die Eröffnung der Ärztin war ein Schock für mich. Obwohl ich die Veränderungen an meiner Mutter selbst erlebt hatte, tat ich mich schwer, die volle Tragweite zu begreifen.

Da meine Schwägerin und mein Bruder sich um meine Mutter kümmerten und ihre Pflege übernahmen, versuchte ich, die beiden wenigstens in den Ferien zu entlasten. Wenn sie selbst auf Urlaub fuhren, reiste ich zu meiner Mutter. Die Zeit, die wir dann gemeinsam verbrachten, habe ich genossen. Ich bat sie jeden Tag, mir aus einer bestimmten Zeit ihres Lebens zu erzählen, sodass ich es für meine Kinder und Enkelkinder niederschreiben konnte. An alles, was in der Vergangenheit weiter zurücklag, erinnerte sie sich sehr gut und, wie ich glaube, auch gern. Jeden Tag erzählte sie mir ein Stückchen mehr, und wenn sie manches auch mehrmals berichtete, machte es mir nichts aus. Im Gegenteil, da konnte ich dann noch besser mitschreiben. Parallel dazu sichtete ich mit meiner Mutter dann auch noch alle alten Fotos, datierte und beschriftete sie. Ohne sie hätte ich längst nicht alle Personen darauf identifizieren können.

So gut es ging, versuchte ich, meine Mutter zu mobilisieren, d. h., sie zu ermuntern, für einen Spaziergang auch einmal das Haus zu verlassen. Abgesehen von der Verwandtschaft, die im selben Ort lebte, hatte meine Mutter, die als Geschäftsfrau viele Bekannte hatte, mit der Zeit fast alle Kontakte zur Außenwelt verloren. Die meisten Bekannten, die sie vielleicht gerne getroffen hätte, waren schon gestorben. Nachdem sie nicht mehr einkaufen ging, weil es zu beschwerlich für sie wurde, fehlten auch die Gespräche mit Leuten, die sie zufällig traf, und es mangelte daher auch an Anregungen, die selbst ein Einkauf im Supermarkt bietet. „Ich bin sehr einsam", gab sie mir zu verstehen, „aber ich habe mich schon daran gewöhnt." Weder beklagte sie sich darüber, noch klang es resignierend. Meine Mutter zog sich schrittweise in ihre eigene Welt, wie in einen Kokon, zurück. Gestützt auf ihr Rollwagerl gingen wir in den ersten Jahren noch ein wenig spazieren, später nahm ich sie für eine Spritztour im Auto mit und heute braucht sie Stunden, um sich aufzuraffen, das Haus zu verlassen, was nur noch selten gelingt. Unterwegs ist sie jedoch sehr glücklich und betont immer wieder, wie schön so eine Spazierfahrt doch sei.

Wenn ich zu ihr komme, strahlt sie und ist glücklich, dass ich da bin. Wenn ich wieder heimfahre, weint sie bitterlich. Wie ich sie wohl das nächste Mal antreffen werde, wenn ich sie wieder besuche? Zugegeben, es macht mir Sorgen, weil ich mich selbst neu bewähren muss im Umgang mit ihr. Ich brauche dafür viel Geduld und Zeit und vor allem die Bereitschaft, mich vollkommen auf meine Mutter und ihre Situation einzulassen. Meine eigenen Vorstellungen, wie der Tag ablaufen sollte, spielen nur mehr eine untergeordnete Rolle.

Eine Mutter mit einem so langen Leben zu haben, ist schon etwas Besonderes. Sie ist jetzt zwar immer öfter verwirrt und man darf ihr keine „dummen" Fragen mehr stellen wie z. B., ob sie ihre Medikamente schon genommen oder genug getrunken hätte, aber sie ist immer gut gelaunt, mit sich und der Welt in Einklang, friedlich, dankbar für alles, was man ihr Gutes tut, und voll von Lebensfreude. Ohne jegliche Bitternis sagt sie: „Ich bin bereit, zu gehen."

Trotzdem freut sich meine inzwischen 98-jährige Mutter täglich, wenn sie wieder aufgewacht ist und einen neuen Tag erleben darf. Sie ist nicht bettlägerig, wenngleich nicht gut unterwegs, sie macht ihre Körperpflege selbst, kleidet sich täglich an, bereitet sich Frühstück und Nachtmahl. Freilich braucht sie für alle diese Tätigkeiten Anleitung und Unterstützung. Meine Mutter verbringt ihre Tage im Wohnzimmer oder auf dem Balkon in einem bequemen Sessel, in dem sie, die Beine hochgelagert, viel vor sich hin döst oder schläft. Sie denkt nicht darüber nach, was sie alles nicht mehr tun kann, sondern freut sich über das, was sie noch erleben, beobachten, sehen kann. Sie freut sich an der Natur, die sie von ihrem Balkon aus bewundert, sie folgt dem Tageslauf und nimmt an den Jahreszeiten teil. Da ihr Haus auf halber Höhe eines Hügels in Gelnhausen liegt, schaut sie über das Kinzigtal, bewundert die Segelflieger, die vor ihr kreisen, und die Fallschirmspringer. Besonders eindrucksvoll ist das Naturschauspiel oft bei Gewitter, wenn mehrere Blitze parallel zu sehen sind und wenn der Wind die Bäume biegt. Ich empfinde es als Gnade, dass sie in einer solchen Verfassung so alt werden darf.

Für meine Schwägerin, die schwer an Rheuma leidet, und für meinen Bruder, der noch im Erwerbsleben steht, bedeutet die Pflege meiner Mutter dennoch eine große Belastung, die sie manchmal an ihre Grenzen bringt. Ich bin ihnen unendlich dankbar, dass sie diese wahrlich nicht leichte Aufgabe übernommen haben. Ich bin immer nur wenige Wochen da, habe dann keine anderen Verpflichtungen und kann mich gänzlich auf meine Mutter konzentrieren. Als Tochter habe ich außerdem einen besonderen Zugang zu ihr. Vor Jahren, als meine Mutter das Haus vererbte, hatte sie sich ein lebenslanges Wohnrecht und Pflege ausbedungen. Der Gedanke an ein Pflegeheim war für sie immer schrecklich. Für das Haus, in dem sie jetzt lebt, hat sie viele Jahre lang hart gearbeitet, und jetzt will sie dort bleiben. Vielleicht wäre es besser, eine Pflegekraft ins Haus zu holen, die dann auch dort wohnen könnte. Aber mein Bruder und seine Frau wollen noch zuwarten. Es ist ja auch nicht jedermanns Sache, einen fremden Menschen Tag und Nacht im Haus zu haben. Und wer will schon Ratschläge aus der Distanz hören? Somit beschränke ich mich darauf, hin und wieder zur Entlastung meiner Schwägerin und meines Bruders zu meiner Mutter zu fahren, die Pflege zu übernehmen und dabei auch den beiden die eine oder andere Annehmlichkeit zu bereiten. Von meiner Anwesenheit sollen sie wenigstens ein bisschen auch für sich selbst profitieren.

Meine Wiener Freundin predigt stets, dass man rechtzeitig vorsorgen muss, was mit einem im Alter geschieht, wenn man nicht mehr alleine leben kann und auf Hilfe angewiesen ist. Und vor allen Dingen, meint sie, müsse man sich auch an den Gedanken gewöhnen, vielleicht doch nicht bis zuletzt in den eigenen vier Wänden bleiben zu können. Noch schiebe ich solche Gedanken weg. Ich habe aber schon darüber nachgedacht, ob wir einen Treppenlift einbauen könnten, um ins Obergeschoß zu gelangen, wo unser Bad und das Schlafzimmer sind. So viel steht fest: Es geht. Aber ob es tatsächlich einmal so weit kommen wird, wissen wir natürlich nicht.

… mit Jugendfreunden

Kann man eine Verbindung wieder aufnehmen, die vor fast einem halben Jahrhundert abgerissen ist? Den Anstoß dazu gab mein Mann. Er fuhr eines Tages zu seinem 45-jährigen Maturatreffen. Er hatte in Melk maturiert und hielt einen eher losen Kontakt zu seinen ehemaligen Klassenkameraden. Ab und zu besuchte er ein Maturatreffen. Der ein oder andere seiner ehemaligen Kollegen war beruflich in Wien gelandet, einer war ihm zu einem Lebensfreund geworden. Zu allen anderen bestand kaum mehr eine Verbindung.

Was war aus meiner ehemaligen Klasse geworden? Ich hatte in Gelnhausen, Hessen, das Abitur absolviert. Gelnhausen war damals eine kleine Kreisstadt und das Grimmelshausen-Gymnasium war weit und breit die einzige höhere Schule. In meiner Klasse saßen viele Schülerinnen und Schüler aus den Dörfern der näheren Umgebung. Ich gehörte, zumindest in der Oberstufe, zu den wenigen, die direkt in Gelnhausen ansässig waren. Zudem besaßen meine Eltern am Ort ein Elektrogeschäft, es war also immer jemand erreichbar. Und so kam es, dass, wenn sich Schüler aus unserer Klasse trafen, bei uns oft der Ausgangspunkt für weitere Unternehmungen war. Mittelpunkt war unsere Familie jedenfalls in der Zeit, als wir das Abitur bestanden hatten. Wir waren damals 18 Jugendliche, Burschen und Mädchen, die täglich feierten und jedes Wirtshaus kennenlernten, das es in unserer Kleinstadt gab. Natürlich wurde auch bei uns zu Hause gefeiert. Das Büro wurde ausgeräumt, was sehr praktisch war, weil wir auf nichts besonders aufpassen mussten, und ab ging die Post. Die neuesten Schallplatten hatten wir in unserem Geschäft, somit war für die richtige Musik zum Tanzen gesorgt: Die Beatles, die Rolling Stones, die Beach Boys und wie sie alle hießen, waren damals in Mode.

Ein Jahr nach dem Abitur war ich zum Studium nach Wien gegangen. Meine beste Freundin ging nach Berlin und heiratete später nach Schweden. Auch die anderen verliefen sich in alle Winde. Ab und zu besuchte die eine oder andere ehemalige Mitschülerin, wenn sie in Gelnhausen war, meine Mutter im Geschäft. Die Kontakte blieben jedoch lose und zufällig. Sich nach 45 Jahren, in denen kein einziges Klassentreffen arrangiert worden war, zu fragen, was denn aus allen inzwischen geworden ist, bedeutete eine größere Recherche-Aufgabe. Diese nahm ich mir in der Pension vor.

„Wie alt man geworden ist, sieht man an den Gesichtern derer, die man jung gekannt hat." Mit dieser Weisheit von Heinrich Böll stand ich fast ein Jahr später am Flughafen Schwechat und erwartete einen meiner ehemaligen Klassenkameraden. Würden wir einander wiedererkennen? Monatelang hatte ich über das Internet versucht, diejenigen, die mit mir gemeinsam Abitur gemacht hatten, zu finden. Von den 18 Klassenkameradinnen und -kameraden wusste ich nur, dass zwei nicht mehr am Leben waren. Bis auf drei Mitschülerinnen, die vermutlich verheiratet waren und inzwischen einen anderen Namen trugen, den ich nicht herausfand, konnte ich zu meiner Freude alle ausfindig machen. Die Freude war nicht nur bei mir. Mit allen hatte ich telefoniert und oft von dem einen oder anderen einen Hinweis erhalten, wo ich weitersuchen könnte. Zunächst schienen fast alle an einem Zusammentreffen interessiert. Als es dann im Frühjahr so weit war und wir uns in Perchtoldsdorf trafen, kamen immerhin fünf Ehemalige jeweils mit ihren Partnerinnen zusammen. Beim nächsten Treffen sollten es doch noch mehr werden.

Äußerlich hatten wir uns, abgesehen davon, dass wir älter geworden waren, alle nicht besonders verändert. Das Wiedererkennen war kein Problem. Von der Persönlichkeit und dem Charakter her waren wir wohl reifer geworden, aber im Großen und Ganzen dieselben geblieben, die wir schon damals auf der Schulbank waren. Um es kurz zu machen: Es war ein wunderbares, äußerst harmonisches Erlebnis für uns alle. Wir hatten uns drei Tage Zeit genommen, einander wieder näherzukommen und unsere Sympathien füreinander wieder neu zu entdecken. Für jeden gab es ausreichend Raum, um zu erzählen, was in all den Jahren passiert ist, was ihm widerfahren war und wo er jetzt stand. Niemand sah sich genötigt, irgendein Pfauenrad zu schlagen, jeder gab sich so, wie er ist. Und siehe da, es war so, als wären wir gestern auseinandergegangen. Schnell stellte sich die alte Vertrautheit ein und in das schöne Miteinander waren auch die Partnerinnen und Partner eingebunden. Wir waren uns einig, dass unser Zusammentreffen ein Highlight des Jahres war, und vereinbarten, uns hinfort jeweils in einer anderen Stadt, in der einer von uns wohnte, wieder zu treffen. Es stand zur Debatte, ob diese Treffen jährlich oder nur alle zwei Jahre stattfinden sollten. Wir einigten uns auf jährlich. Wer weiß, wie lange es uns Freude macht, so herumzureisen. Jetzt geht es noch bestens und das wollten wir auskosten.

Gerade im Alter scheint es mir wichtig, alte Freundschaften, vor allem auch Jugendfreundschaften, zu pflegen. Man kennt einander, weiß um die Eigenheiten, weiß was einander zumutbar ist oder nicht. Es werden nur wenige neue Freundschaften dazukommen, weil die Gelegenheiten, solche Beziehungen aufzubauen, seltener geworden sind. Selbst wenn man sich in gemeinsamen Erlebnissen findet, ist oft keine Zeit oder Gelegenheit für eine Belastungsprobe, in der sich die neue Freundschaft bewähren könnte. Außerdem reagiert man selbst nicht mehr so unvoreingenommen wie in der

Jugend, öffnet sich nicht so schnell seinem Gegenüber, wird zurückhaltender. Wir wissen um unsere
Verletzlichkeiten und sind vorsichtiger geworden.

... durch körperliche Ertüchtigung

Relativ spät in unserem Leben haben wir angefan-
gen, Golf zu spielen. In einer Schnupperwoche mit
der Sportunion fingen wir Feuer. Die sportliche Be-
tätigung in der frischen Luft inmitten gepflegter An-
lagen gefiel uns. Eine volle Runde dauert etwa vier
Stunden und dabei legen wir zwischen acht und
zehn Kilometer zurück. Sobald uns jemand fragt,
welches Handicap (die Spielstärke in einem über-
prüfbaren Punktesystem) wir haben, werden wir
für die Mitgolfer uninteressant, und das ist gut so.
Gesellschaftliche Ambitionen beim Golfen kann
uns niemand nachsagen und wir nehmen auch
nicht an Wettkämpfen teil. Am liebsten sind mein
Mann und ich allein auf dem Flight, wie man die
Runde nennt, die ein oder mehrere Spieler zusammen gehen. Wir haben genug damit zu tun, uns auf
das Spiel zu konzentrieren, um ein wenigstens ei-
nigermaßen erträgliches Spielergebnis zustande zu
bringen. Man glaubt nicht, wie demütig Golf macht,
wenn der Ball einfach nicht dorthin fliegen will,
wohin er soll. Am Ende sind wir jedenfalls hunde-
müde und sehr zufrieden, uns selbst etwas Gutes
getan zu haben. Sich draußen in der Natur zu bewegen, sei es wandernd, Golf spielend oder schwim-
mend, hat uns schon immer sehr entspannt. Da

wird der Kopf frei und es gibt wieder Platz für neue Aufgaben.

Ansonsten sind unsere sportlichen Aktivitäten nicht ausgeprägt. Schade eigentlich! Wozu ich mich nicht aufraffen kann, ist z. B., zu einem fixen Termin einmal in der Woche schwimmen zu gehen. Noch mag ich die Verpflichtung nicht, mich jede Woche zu einer bestimmten Zeit irgendwo einzufinden. Sie ist mir lästig und schränkt meine gerade erst gewonnene Freiheit wieder ein. Dabei sollte ich wirklich endlich damit beginnen, jeden Mittwoch in die Rückengymnastik zu gehen!

Sich die Jugendlichkeit zu erhalten, indem wir unsere Muskelkraft und Elastizität stärken, erfordert kontinuierliches, beharrliches Training. Das ist nicht jedermanns Sache. Viel einfacher gibt man sich einen „Touch" von Jugendlichkeit, indem man sich z. B. eine rote Vespa kauft, wie es einer unserer Freunde getan hat, und damit durch Wien kurvt. Da werden Jugenderinnerungen wach und viel freudiges Lebensgefühl! Leider übersah unser Freund die Gefährlichkeit seiner Unternehmungen: Ein Rippenbruch und zwei gebrochene Zehen waren die Folge.

Clemens Steindl

Altsein ist schön!

Altersweisheit gibt es nicht.
Mit den Jahren wird man nicht weise,
sondern nur vorsichtig.
Ernest Hemingway

Wenn die Berufsuhr stehen bleibt,
muss man die Lebensuhr neu aufziehen.
Fish! Ein ungewöhnliches
Motivationsbuch

… besonders mit einem Enkelkind

Ein freudvolles Ereignis hat unser Leben nachhaltig verändert. Wir sind nun gemeinsam als Großeltern gefordert, denn unsere Tochter hat uns nicht nur zu Großeltern, sondern zu begeisterten Großeltern gemacht. Was wir – unausgesprochen, also nicht bedrängend – sehnsuchtsvoll erwartet haben, ist eingetreten. Wir haben ein Enkelkind! Ein Mädchen namens Clara!

Am Tag ihrer Geburt habe ich etwas gemacht, was schon lange nicht mehr passiert ist: Ich habe Tagebuch geführt! Wir mussten nämlich warten, bis wir den neuen Erdenbürger erstmals besuchen durften. Da habe ich mich hingesetzt und in mein nur noch in Ausnahmesituationen geführtes „Tagebuch" geschrieben:

Sonnenschein. Frühlingswetter. Sonntag. Freuden-
tränen. Wir wurden Großeltern und müssen es wer-
den. Ab jetzt bin ich Großvater. Was ab jetzt auf mich
zukommt, wird mein Leben neuerlich verändern. Mit
Sicherheit bereichern und verschönern. Neues wird
auf mich zukommen. Ich werde neues Leben beglei-
ten und beim Heranwachsen dabei sein – wenn ich
gebraucht werde. Dieser Sonntag ist ein ganz beson-
derer. Unser, mein Enkelkind ist geboren!

Am Vorabend hatten wir erstmals aus Gläsern mit
dem Aufdruck „Oma" und „Opa" getrunken, die
wir schon vor Monaten von unseren Neo-Eltern geschenkt bekommen hatten. Als Einstimmung auf
unsere künftige Rolle.

Am Nachmittag wollten wir den Kinderwagen
probehalber in Betrieb nehmen. Doch das High-
tech-Gefährt mit allen möglichen Hebeln hätte uns
beinahe geschafft. Das konnten wir nicht zulassen!
Was lag also näher, als unsere Nachbarin, eine jugendliche Mutter und deshalb seit Kurzem mit aus-
gewiesener Kompetenz im Klein(st)kindtransport
ausgestattet, um ihre praktische Hilfe zu bitten.
Und – oh Wunder! – wir lernten das Fahrzeug beherrschen. Es sollte in absehbarer Zeit ein für unser
erstes Enkelkind bequemer, trotzdem leicht zusam-
menklappbarer, durchaus edel wirkender schieb-
und ziehbarer „Neuwagen" sein.

Jetzt als Großeltern ist von uns eine Neuorientierung gefordert. Und wir sind mit großer Freude dabei – wenn man uns ruft und wenn man uns

braucht. Wir lassen uns gerne vereinnahmen! Natürlich hoffen wir, dass wir noch lange die Kraft haben, die Jungen zu unterstützen. Zu den schönen Aufgaben des Großvater-Seins gehört, unsere Enkeltochter, die kleine Clara, mit dem Kinderwagen auszufahren. Besser gesagt: ausfahren zu dürfen. Ich mache das sehr gerne und es ist auch gut vorgesorgt für den Fall, dass das Baby hungrig wird.

Es war ein schöner Spätsommertag, als ich wieder einmal losfuhr. Eigentlich hat das Kinderwagenschieben ja nichts mit „Fahren" zu tun, sondern eher mit Ziehen, wenn es anstrengend und schweißtreibend bergauf geht, oder mit Schieben, wenn es nicht minder schweißtreibend flach dahingeht. Also, ich gehe in Richtung eines der Wiener Parks eine nur wenig befahrene Straße entlang. „Alt sein ist schön!", höre ich plötzlich. Der Ruf gilt mir. Er kommt von drei etwa gleichaltrigen Menschen, die vor einem Hauseingang stehen und freundlich lächelnd zu mir schauen. „Ja", sage ich, „alt sein ist schön", und bleibe kurz bei dieser kleinen Runde stehen, die – wie mir gesagt wird –, eben darüber diskutiert hat, ob man schon deswegen privilegiert sei, weil man über das Altwerden nicht jammert. Eine positive Einstellung zum Altern zu gewinnen, kann man auch als Privileg verstehen, das man sich selbst gibt und selbst zuerkennt, sind wir uns schnell einig. Selbstprivilegierung durch positive Einstellung sozusagen.

Da trafen sich also zufällig vier Pensionisten an einem Vormittag in Wien, die alle, wie sich herausstellte, gerne und häufig im Opa- oder Oma-Einsatz sind und die sich auch einig sind, dass Altwerden eine Chance ist. Für einen selbst und in unserem Fall auch für die jugendlichen Eltern, die wir durch unseren Einsatz entlasten und auf diese Weise auch in ihren beruflichen Ambitionen unterstützen. Und natürlich ist es ein Privileg, dass wir gesund und munter unterwegs sein können. Wie lange noch, das weiß natürlich niemand. Aber die Zeit, die uns gegeben ist, mit Freude zu nutzen, das machen nicht nur wir vier. Und es ist natürlich ein Privileg, an einem sonnigen Vormittag seine Zeit mit dem Enkelkind zu verbringen, weil eine solche Zeitverwendung in Berufszeiten bestenfalls in Ausnahmefällen möglich gewesen wäre. Wir unterhalten uns über das Schöne des Älterwerdens, das auch darin besteht, das zu tun, was einem Freude macht, und das dann zu tun, wenn man dazu Lust hat und gebraucht wird. Abgelegt ist im Alter die Last der Arbeit und durch die Lust ersetzt, das Älterwerden mit seinen vielen Facetten zu genießen. Alle vier, die wir so dastanden, waren 60 plus, auf die 70 zugehend. Und wir fühlten uns so alt, wie wir sind, verbunden im Wissen, dass das Altern durch den Kopf bestimmt wird und im Kopf beginnt.

Dieses Gespräch in der spontanen 60-plus-Runde war für mich ein sehr positives. Weil wir nicht viel über das Altern an sich geredet haben, sondern darüber, dass man zu seinem Alter stehen muss und dieses einfach leben muss. Auch wenn wir – altersbedingt – immer häufiger zu Begräbnissen geladen sind und uns vor Augen geführt wird, dass wir bereits in einem Alter sind, das viele nicht erreicht haben. Dieser Gedanke, dass es mich noch gibt auf dieser Welt, beschäftigt mich oft und ich bin immer aufs Neue dafür dankbar.

Motiviert und nachdenklich habe ich diese kleine Runde verlassen, die sich im Verständnis, dass alt sein etwas Schönes ist, zufällig getroffen hat. An diesem Vormittag hatte ich mich mit einer früheren Mitarbeiterin verabredet, die die letzten Monate ihrer Karenz genoss. Wir wollten beide „unsere" Kinder sehen und anschließend durch den Park spazieren, in dem vornehmlich Mütter, vereinzelt auch Väter, mit ihren Kindern unterwegs waren. Irgendwie war ich zufrieden, denn außer mir habe ich keinen Kinderwagen schiebenden Opa an diesem Tag in diesem Park wahrgenommen.

Bei meinen Ausfahrten mit Clara erlebe ich immer, mit welch freundlichen und zustimmenden Blicken einem begegnet wird. So, als ob die Menschen sagen wollten: Schön, dass es Kinder gibt; schön, dass es Alte gibt, die sich um den Nachwuchs kümmern. Wohlwollend und anerkennend wird zur Kenntnis genommen, dass sich ein Opa um sein Enkelkind kümmert und ihm, wenn es danach verlangt, auf der Parkbank das Fläschchen reicht. Da erinnere ich mich auch an die Zeit, als unsere Kinder vor gut 30 Jahren so klein waren. Wir lebten damals nicht in Österreich. In der Lebenskultur, in die wir integriert waren, war es schon damals auch für uns Väter selbstverständlich, die Babykurse zu besuchen, die Babys zu wickeln und auszufahren. Dies erwähne ich nur deshalb, weil es noch vor Kurzem großes Erstaunen in einem Geschäft auslöste, dass ich mit dem Kinderwagen unterwegs war.

Zu wenig Nachwuchs

Beim Spazierengehen mit Clara drängt sich auch die Frage auf, in welche Situation dieses Kind hineingeboren wurde. Erhöht sich doch unaufhaltsam die Zahl der älteren Menschen in unserer Gesellschaft. Stetig wächst auch deren Lebensdauer. Die plakative Etikettierung dieser gesellschaftlichen Veränderung lautet „Überalterung". Es heißt auch, dass die „ergraute Gesellschaft" zum Symbol der „Best-Agers"-Generation wird. Der Wandel hin zur alternden Gesellschaft findet seinen grafischen Ausdruck in der zusehends verformten „Alterspyramide". Die bildhafte Darstellung der Bevölkerungsstruktur glich zu meiner Schulzeit einer pyramidenähnlichen, sich nach oben verjüngenden Form. So schien es gut zu sein: die Jüngeren in der Überzahl, die Älteren sterben weg. So blieb es aber nicht. Allmählich wandelte sich die Entwicklung und die Pyramide mutierte zur „Urne" oder pietätsvoller zum Baum. Beide Bilder vermitteln das Gleiche: die Basis wird schmäler, der Bevölkerungs-„Bauch" wanderte nach oben und bildet eine sich künftig immer mehr ausbreitende Krone. Ob Baum oder Urne: Skeptiker sehen in diesem Bild die unentrinnbare Apokalypse einer sterbenden Gesellschaft. Auch wenn es noch

lange nicht so weit sein wird, die absehbare Über-
alterung der Gesellschaft wird zur drängenden, ja:
bedrängenden Herausforderung – nicht nur, weil
es schwieriger wird, die Pensionen zu finanzieren.
Wobei die Perspektivlosigkeit mancher politischen
Akteure durch die Auswirkungen der sogenannten
Finanzkrise und der Schuldenpolitik dramatisch
verschärft wird. Erleben die Pensionisten im zweiten Jahrzehnt des 21. Jahrhunderts eine ähnliche
Entwicklung, wie sie unsere Vorfahren in den 20er-
Jahren des 20. Jahrhunderts durchstehen mussten?
Die grassierende Inflation, an deren Ende manche
Beobachter schon eine Hyperinflation drohend se-
hen, trifft Pensionisten besonders hart, weil die Er-
sparnisse und Rücklagen dahinschmelzen.

Erfolgversprechende Überlegungen, die auch den
Bevölkerungswandel im Visier haben, drängen sich
noch nicht auf. Dabei liegt es auf der Hand, dass
die Veränderungen in der demografischen Struktur
nicht nur durch die längere Lebenserwartung be-
dingt sind, sondern auch durch den Rückgang der
Geburtenzahlen. Für viele Bevölkerungswissen-
schaftler ist deshalb der Begriff „Unterverjüngung"
zutreffender und brauchbarer als das Gerede von
der Überalterung.

Die Gründe für die Unterverjüngung sind viel-
schichtig. Offenkundig fällt die Entscheidung für
ein Kind, wenn überhaupt, immer später. Das hat
weniger mit den Möglichkeiten der Familienpla-
nung zu tun als mit der gewandelten Einstellung
zum Kind, das nur allzu oft als belastender Faktor

und nicht als Bereicherung der Lebensqualität gesehen wird. In meiner Zeit als Präsident des Familienverbandes war es mir deshalb ein vorrangiges Anliegen, die Freude, die Kinder bringen und sind, in den Vordergrund zu stellen. „Freude an und mit Kindern" zu verbreiten, lautete deshalb mein Motto, für das ich um Zustimmung geworben habe. Es ist noch ein weiter Weg zu einer breiten gesellschaftlichen Akzeptanz, dass Kinder Garanten eines erfüllenden Lebens sein können und durch sie auch mehr Lebensfreude verbreitet wird.

Gegenwärtig wird der Kinderwunsch häufig hinausgeschoben, oft bis an die biologische Grenze, um so möglichst gut die beruflichen Möglichkeiten und Chancen zu nutzen. Das ist nachvollziehbar insbesondere in einer Gesellschaft, die sich vorrangig über Status, Geld und Erfolg definiert. In dieser Situation entsteht für die einsatzwilligen und -freudigen Großeltern eine neue Aufgabe. Sie können wirkungsvoll die Lebensgestaltung der jungen Eltern unterstützen und deren Kindern ein abrufbarer Begleiter sind. Mit dem Pensionsantritt wird das berufliche „Nicht mehr" zur Erfahrung des Nicht-mehr-gebraucht-Werdens und des Nicht-mehr-gefragt-Seins. Doch das ausgrenzende „Nicht mehr" kann sich zum integrierenden „Gerade jetzt!" wandeln, was den Jungen und den Alten guttut. So wie die Gruppe STS in einem berührenden Lied den „Großvoda" besingt: „Du warst mein erster Freund und des vergiss i nie." Ist das nicht schön, wenn der Großvater so geschätzt wird?

Im Alter herrscht Wahlfreiheit

Das Ende der Berufstätigkeit wird oft als ein einschneidender Bruch im Lebenslauf empfunden, weil versäumt wurde, sich auf den neuen Lebensabschnitt, der mit Sicherheit der letzte ist, einzustimmen. Die berufliche Vergangenheit lebt noch in der Erinnerung, das Neue des Lebens im Alter entwickelt sich erst. Dabei bietet das Alter viele Vorteile, darunter: pure Wahlfreiheit! Es ermöglicht, „heute dies, morgen jenes zu tun, morgens zu jagen, nachmittags zu fischen, abends Viehzucht zu treiben, nach dem Essen zu kritisieren, wie ich gerade Lust habe, ohne je Jäger, Fischer, Hirt oder Kritiker zu werden". Lässt man außer Acht, dass Karl Marx und Friedrich Engels diesen Zustand nur im kommunistischen Kontext realisierbar sehen, dann ist damit beschrieben, was Wahlfreiheit bedeuten kann. In der modernen Multioptionsgesellschaft bieten sich mehr Möglichkeiten und Freiheiten für seine Lebensgestaltung als je zuvor. Gerade auch dafür, den neu gewonnenen Freiraum für sich und für andere zu nutzen und darin vorrangig die vielfältigen Chancen für den Lebensabend zu erkunden. Denn die bevorstehende Lebensphase kann im günstigsten Fall noch mehrere Jahrzehnte umfassen. Das Altwerden, das formal und in der allgemeinen Wahrnehmung mit dem Pensionsantritt beginnt, kann so der Start in Neues und Unbekanntes werden. Bedeutsam bleibt, ob man für sich offene Handlungsspielräume erkennt und dann Aufgaben bzw. Rollen wahrnimmt, die für einen selbst und für andere sinnvoll sind. Es muss ja nicht gleich ein verwegenes Abenteurer-Dasein begonnen werden, es ist schon viel gewonnen, das Portfolio von Interessen und Fähigkeiten, von Talenten und Fertigkeiten altersgerecht einzubringen. Es ist schon ein Vorteil, wenn man zu der Einsicht kommt, die Stefanie Werger mit Optimismus besingt: „Wer sagt denn, dass die beste Zeit vorbei ist. Vielleicht fängt sie erst richtig an."

Sollte ich das Jahr 2030 erleben, dann werde ich 86 Jahre alt geworden sein. Der Bevölkerungsanteil meiner Altersgruppe wird dann bei etwas über 31 Prozent, also bei knapp einem Drittel der Gesamtbevölkerung liegen. Wir, die „Best Agers" werden unaufhaltsam mehr. Derzeit liegt unser Anteil bei etwa 23 Prozent; in zehn Jahren wird er bereits auf 26 Prozent angestiegen sein.

Sollte ich also das Jahr 2030 erleben, dann wird meine Enkeltochter die Matura abgelegt haben, sofern es bis dahin diesen Abschluss noch gibt und dieser noch erstrebenswert ist. Ich selbst aber werde dann zur Gruppe der Achtzig- bis Neunzigjährigen gehören, die bis dahin in Österreich von derzeit rund 400.000 um mehr als die Hälfte (um 57 Prozent!) auf 635.000 angewachsen sein wird.

Schon heute leben europaweit mehr Über-Sechzigjährige als Jugendliche bis zu 15 Jahren. In unserem Land wird die Bevölkerung unter 15 Jahren, die im Jahr 2010 noch 14,8 Prozent ausmachte, im

Jahr 2030 nur noch bei 14,3 Prozent liegen. Ist unter diesen Bedingungen nicht der Hinweis auf die Entwicklung in Indien, Brasilien oder im Iran angebracht? Dort beträgt der Anteil der Unter-15-Jährigen 32 beziehungsweise 25 oder 23 Prozent.

Bei einer Tagung „kinderreich statt zukunftsarm" hat der frühere Pressesprecher bei Otto von Habsburg, Stephan Baier, in einer überzeichnet wirkenden Dramatisierung von einer „Zukunft ohne Kinder" gesprochen, der wir uns auch hierzulande näherten. Stephan Baier sieht „Europa in der demografischen Falle", weil die Bevölkerungspyramide durch die „alternde Gesellschaft" gedreht und dadurch „auf den Kopf gestellt" wurde. Großeltern sind in dieser Situation, solange sie dazu physisch und psychisch in der Lage sind, besonders gefordert. Auch wir als Großeltern übernehmen Aufgaben und schenken Zeit, indem wir die bereits erwachsenen Kinder unterstützen. Wir entlasten die jungen Eltern, weil wir uns der Enkelkinder annehmen. Sogar gerne. Und in dem Ausmaß, in dem wir gebraucht werden. Dies sollte generell von den jungen Eltern, die häufig immer später Kinder bekommen, als Chance begriffen werden. Denn sie profitieren davon ebenso wie die leistungsfähigen Großeltern, die eine wichtige, neue Aufgabe erfüllen.

Zur Geburt unseres Enkelkindes haben wir ein Hemdchen mit dem Aufdruck geschenkt, „wenn Mama oder Papa Nein sagen, da gehe ich einfach zu Oma und Opa". So witzig das klingt, so viel Ernst steckt dahinter. Großeltern haben, geprägt von den eigenen Kindern, oft eine abgeklärtere Sicht auf manche Dinge, sind vielleicht auch ein wenig großzügiger und schauen über manches hinweg. Was jedoch nicht heißen darf, den Eltern in die Quere zu kommen. Bei ihnen liegt die Verantwortung für ihre Kinder und bei uns „Alten" die Bereitschaft, sie dabei zu unterstützen. Die Chance ist groß, dass wir noch lange – sofern dies gewollt und machbar ist – Begleiter unserer Enkelkinder sind. Auch wenn wir uns jetzt erst über *eines* freuen können, ist unsere Erwartung, dass es nicht dabei bleibt, groß.

Heute leben wir wieder um sechs Stunden länger. Auch gestern sind schon sechs Stunden dazugekommen und morgen werden es weitere sechs Stunden sein. Und das ganz ohne unser Zutun. Einfach so. Es ist das Geschenk des Alters, das unsere Lebensdauer verlängert. Und zwar täglich um sechs Stunden! Der medizinische und technische Fortschritt, die soziale Absicherung, die veränderten Lebensbedingungen führen dazu, dass sich auch mein Leben jährlich um drei Monate verlängert – wenn die Statistik zutrifft und der Trend anhält. Mit keiner früheren Generation ist die jetzige Seniorengeneration vergleichbar, deren Lebenserwartung alle 3,6 Jahre um ein(!) Jahr steigt. Dieser Trend wird sich, wenn keine Notlagen eintreten, fortsetzen. Unaufhaltsam fortsetzen. Genauso unaufhaltbar sind hingegen die physiologischen Prozesse, die unseren Körper schneller altern lassen als unseren Geist. Dass die „Seele allzeit jung bleibt", war der im Spätmittelalter lebende Meister Eckart überzeugt, weil man sich „spirituell verjüngen" kann. Er, der mit 67 Jahren gestorben ist, in einem Alter, in dem ich gerade das Manuskript für dieses Buch fertigstelle, hat ein „schöpferisches Altern" empfohlen.

Wie lange noch?

Noch nie in der Geschichte konnten so viele Menschen mit einer so langen Lebenszeit rechnen wie wir heute in Europa. Ob es so weitergeht? Optimistisch zeigt sich James Vaupel, der Direktor des Max-Planck-Instituts für demografische Forschung in Rostock: „Wir erleben den größten Triumph der modernen Zivilisation!" Begeisterung und Faszination löst das bei denjenigen aus, die den Gewinn an Lebenszeit aktiv nutzen und teilhaben können an diesen gesellschaftlichen Umbrüchen. Doch die Chance der einen löst bei anderen Skepsis aus. Weit verbreitet ist Angst vor einer alternden oder sogar überalterten Gesellschaft. Die Alterungs-Debatte geht von einer statistischen Altersgrenze aus, die sich zwar am kalendarischen Alter, nicht jedoch am tatsächlich empfundenen, real gelebten und geistig regen Alter orientiert. Als in Deutschland unter Otto von Bismarck die Alters- und Invaliditätsversicherung eingeführt wurde, wurde das Pensionseintrittsalter mit 70 Jahren festgelegt; ein Alter, das damals nur von ganz wenigen erreicht wurde. Doch seither stieg nicht nur das Lebensalter stetig, sondern parallel dazu ging das gesetzliche und noch mehr das tatsächliche Ausstiegsalter aus dem Beruf ständig zurück. Weil spätestens mit 60 oder 65 Jahren (in Österreich) das Berufsleben endet, gilt man ab diesem Zeitpunkt auch als alt. Als nicht mehr gebraucht. Als außerhalb des produktiven Arbeitsprozesses stehend. Nicht ausreichend zur Kenntnis genommen wird, dass sich der Status der „jungen Alten" verändert hat: physisch, psychisch, intellektuell. Diese „Alten" fühlen sich keineswegs am Lebensende, sondern bestenfalls in einer fortgeschrittenen Lebensmitte! Auch dies ein beschönigendes Wort, das vom erreichten Alter abzulenken versucht.

Ach ja, ich habe mir im Restaurant noch nicht sehr oft einen „Seniorenteller" bestellt, doch wurde mir schon des Öfteren dieses Angebot gemacht. Die Zeichen der Zeit werden von aufmerksamen Kellnern verstanden. Ich nehme das aber genauso gelassen wie ich beispielsweise in den USA gerne die „special rates" für Senioren akzeptiere und in Wien die verbilligten Straßenbahnfahrscheine für Senioren. Ich bin auch damit einverstanden, dass es zumindest für meine Altersgruppe hierzulande noch keine Fahrtüchtigkeitstests gibt, die in Großbritannien und Italien ab dem 70. Lebensjahr obligatorisch sind.

Heute beträgt die statistisch erwartbare Lebensdauer bei Frauen 83,2 Jahre und bei Männern 77,7 Jahre. Am Ende des 19. Jahrhunderts lag die durchschnittliche Lebenszeit der Frauen bei 43 Jahren und die der Männer bei 41 Jahren. Die Altersaussichten haben sich im letzten Jahrhundert also fast verdoppelt. Und was bedeutet das für unser Enkelkind? Unsere Clara hat eine 50-prozentige Chance, sogar 100 Jahre alt zu werden. Erreiche ich lediglich das Durchschnittsalter von 77,7 Jahren, dann wird Clara gerade zehn Jahre alt sein. Warum soll ich diese Rechnung nicht anstellen? Macht sie mich doch dankbar, weil ich sowohl länger als auch unter erheblich besseren Bedingungen lebe, als es für meine Vorfahren auch nur in Ansätzen vorstellbar war.

Menschen wurden in früheren Jahrhunderten, das zeigt ein Blick in die Geschichte, oft nicht älter als 20 bis 30 Jahre. Noch zu Zeiten Goethes lag die durchschnittliche Lebenserwartung bei 30 Jahren. Hohe Kindersterblichkeit, Seuchen, schwere körperliche Arbeit, Kriege forderten ihren Tribut. Im Roman „Utopia" beschreibt der große Humanist Thomas Morus im 16. Jahrhundert daher das „Älterwerden als Krankheit". Im alten Ägypten lag die durchschnittliche Lebenserwartung bei 15 Jahren, im antiken Rom bei etwa 20 Jahren.

Dass Menschen in Zukunft bis zu 120 Jahre alt werden können, davon geht der deutsche Biogerontologe Karl Otto Greulich aufgrund aktueller Forschungen aus. Diese 120 Jahre sind ein biblisches Alter, das bereits im ersten Buch des Alten Testaments, der „Genesis", prognostiziert wird. Dort heißt es nämlich: „Da sprach der Herr: Mein Geist soll nicht für immer im Menschen bleiben, weil er auch Fleisch ist; daher soll seine Lebenszeit 120 Jahre betragen." Diese Prognose findet sich am Schluss eines Kapitels, in dem vorher fantasievoll überlange Lebenszeiten genannt wurden. Adam soll mit 130 Jahren noch einen Sohn gezeugt und danach nicht nur weitere achthundert Jahre gelebt, sondern auch noch „Söhne und Töchter gezeugt" haben. Das ergäbe für Adam eine Lebenszeit von 930 Jahren. Überboten hat ihn Metuschelach, bei uns als Methusalem bekannt. Er soll mit 969 Jahren gestorben sein. Nimmt man diese Zahlangaben für bare Münze, wie das die Kreationisten mit biblischen Daten gerne tun, dann würde uns als Menschheit noch einiges bevorstehen. Doch bei diesen Altersangaben ging es ja nicht um die Abbildung von Realität, sondern um eine gottähnliche Überhöhung der Lebensdauer herausgehobener Persönlichkeiten.

Für mich ist der Gewinn an Lebensjahren, der mit dem natürlichen Altern einhergeht, ein großes Glück, das vielfältige Möglichkeiten birgt. Mögen für andere diese Jahre ein einziger Urlaub sein, für andere wieder ein wohlverdienter Ruhestand, mit dem paradiesähnliche Zustände erhofft werden. Altern kann auch ein trostloses Dahinleben sein, das in Isolation endet. Die Bandbreite für ein Nach-Berufsleben reicht von einem beschaulichen und selbstgenügsamen Dasein bis zu einer von einem dichten Terminplan blockierten Lebensphase. Für alle aber gilt, was Arthur Schopenhauer in seinen „Aphorismen zur Lebensweisheit" geschrieben hat: „Die Zeit unseres Lebens hat eine beschleunigte Bewegung wie die einer herabrollenden Kugel."

Als Zugehöriger zur 60-plus-Generation habe ich nicht nur wenige Jahre vor mir, sondern vielleicht sogar ein Drittel meines Lebens. Eine wunderschöne Passage dazu finde ich im Buch Kohelet im Alten Testament: „Denn selbst wenn ein Mensch viele Jahre zu leben hat, freue er sich in dieser ganzen Zeit, und er denke zugleich an die dunklen Tage: Auch sie werden viele sein. Alles, was kommt, ist Windhauch." Hat doch alles seine Zeit, „eine Zeit zum Gebären und eine Zeit zum Sterben, eine Zeit zum Pflanzen und eine Zeit zum Abernten". Leben, gerade im Alter wird das spürbar, ist ständiges Werden und Vergehen.

Für Matthias Horx ist das Altwerden „die große Chance", wie er in der Neuen Zürcher Zeitung schrieb: „Die heutige Wahrnehmung geht immer noch von veralteten Bildern aus: Alte Menschen gelten als unkreativ, reaktionär und stur. Diese Bilder stammen aus einer Zeit, als Alter selten war, teuer und elend. Als alte Menschen ein unmittelbares Problem waren … und man ihnen den Tod wünschte. Diese archaischen Bilder sind als kulturelles Erbe in uns drin und bauen sich dann zu wahren Schreckgespenstern auf: Rentenkatastrophe, Krieg der Generationen, Methusalem-Komplott! Was ich in der Realität sehe, ist jedoch etwas ganz anderes: Ich sehe meine Mutter, die mit 60 ein neues Leben anfing. Ich sehe 50-jährige Frauen, die eine Karriere beginnen, 60-Jährige, die Sport treiben wie mit 40, und attraktive 70-Jährige auf Partner(innen)suche."

Kapitel 5

NEUORIENTIERUNG

Gertraude Steindl

Ordnung ist das halbe Leben?

Soll unser Leben nicht in Zerstreuung
verloren gehen,
so muss es in einer Ordnung sich finden.
Karl Jaspers

Meine Familie stammt aus dem Sudetenland, meine Eltern lebten zuletzt in der Nähe von Karlsbad. Durch die Vertreibung aus der Tschechoslowakei nach dem Ende des Zweiten Weltkriegs haben sie ihren kompletten Besitz verloren. Mit jeweils zwei Koffern, meine Mutter hochschwanger mit mir, kamen sie nach Wien. Als Schulmädchen noch erlebte ich, dass wir eigentlich nichts besaßen, was irgendein Erinnerungsstück gewesen wäre oder irgendetwas, was wir nicht tagtäglich brauchten.

Schon längst nach Deutschland übersiedelt, war ich gelegentlich zu Kindergeburtstagen eingeladen in die Wohnungen und Häuser alteingesessener Gelnhäuser Bürger. Ich sah also, wie meine Schulkameradinnen wohnten, wie gepflegt ihr Zuhause war, wie reich die Kaffeetafel gedeckt war mit feinem Porzellan und silbernen Kuchengabeln und Kaffeelöffeln. Ich erstarrte jedes Mal aufs Neue vor Bewunderung. Bei uns gab es dergleichen erst viele Jahre später. Wir hatten ein billiges Kaffee- und Tafelgeschirr und wenn es nicht mehr für jedes Familienmitglied einen Teller oder eine Tasse gab, wurde ein neues billiges Set erstanden. Übrig geblieben sind immer nur die Zuckerdosen.

Vielleicht kommt es daher, dass ich von einem Geschirr-Fimmel besessen bin. Ich könnte jeden Tag der Woche mit einem anderen Geschirr den Tisch decken. Oft überkommt mich auch heute noch große Lust, ein neues Geschirr zu kaufen. Nur, wohin damit, wenn es gerade nicht gebraucht wird? Die Kästen sind voll. Es widerspricht jeglicher Vernunft, solchen Gelüsten nachzugeben. Ganz besonders zurückhalten muss ich mich bei den Kindern, schließlich wollen sie sich selbst etwas aussuchen nach ihrem Geschmack.

Nicht nur beim Geschirr entfalte ich meine „Sammler"-Leidenschaft. Ich hebe auch sonst vieles auf, weil ich meine, es irgendwann einmal noch brauchen zu können. – Wenn ich es dann finde! – So hat sich in all den Jahren in unserem Haus in Perchtoldsdorf zu Vieles und Unnötiges angesammelt. Meine Nachkriegs-Vergangenheit hat mich alles Mögliche aufbewahren lassen. Es fällt mir schwer, etwas, das ich nicht mehr benötige, wegzuwerfen, wenn es nicht kaputt ist. Da gebe ich schon viel lieber Sachen zum Flohmarkt, am besten noch, wenn der Erlös einem guten Zweck dient. Aber so oft findet ja auch nicht gerade ein Flohmarkt statt. Unsere Tochter, die manchmal während unseres Urlaubs in unserem Haus wohnt, schüttelt nur den Kopf über so viel „Kramuri", wie sie sagt.

Kann man seinen Nachkommen zumuten, die Spreu vom Weizen zu trennen? Ich glaube nicht. Und so gehört es zu unseren Aufgaben in der Pension, Ordnung zu machen, Wesentliches vom Unwesentlichen zu trennen und das, was einen Wert verkörpert, aufzulisten und auch geldlich zu bewerten. Der Gedanke, es könnte ein Entrümpelungsdienst sich unserer Habe bemächtigen, weil kein Kind Zeit hat, alles auseinanderzuklauben, droht mir stets als Schreckensbild.

Mag schon sein, dass es stimmt: „Ordnung ist das halbe Leben". Aber mit einer gewissen kreativen Unordnung sind mein Mann und ich bisher ganz gut gefahren. Wir sind keine pedantischen und peniblen „Kleinkrämer", sondern eher – wie ich es nenne – „freischaffende Künstler", die für jede gute Ablenkung zu gewinnen sind und sich oft für Neues, Unkonventionelles begeistern. Da bleibt dann schon mal dort etwas liegen, wo es nicht hingehört. Da ist dann Ordnung-Machen nebensächlich und wird gern auf später verschoben. Ordnung, die wir oftmals bei anderen Menschen beobachten, findet unsere grenzenlose Bewunderung. Und wie oft höre ich meinen Mann sagen: „Das müsste uns doch auch gelingen!" Ich höre aber dabei immer heraus, dass er meint, es müsste hauptsächlich mir gelingen und nicht ihm.

Anfangs verkraftete mein Mann nur schwer, dass er keine Sekretärin mehr hatte, die rund um ihn für Ordnung sorgte. „Jetzt bin ich auf mich selbst zurückgeworfen", klagte er. Von mir war auch keine

Unterstützung zu erwarten. Auch ich kämpfte damit, niemandem mehr etwas anschaffen zu können und alle Büroarbeiten selbst erledigen zu müssen. Allerdings war es in meinem Büro in der Aktion Leben längst nicht so komfortabel zugegangen wie bei ihm. Ich musste meist selbst Ablage machen, Termine verwalten und was halt noch alles so dazugehört.

Die meisten Probleme bereitet es uns beiden, uns von Büchern zu trennen. Leicht und schnell kann ich lediglich Bücher aussortieren, die meinem Mann gehören, und umgekehrt. Hier wartet noch eine große Aufgabe auf uns. Meist scheitern wir bei diesem Unternehmen daran, dass wir ein Buch finden, das wir schon lange nicht mehr in der Hand hatten und als alten Bekannten gleichsam wieder begrüßen. Oder aber wir besitzen beide dasselbe Buch und haben jeweils andere Stellen darin markiert, als wir es lasen. Auf jeden Fall müssen die wegzugebenden Bücher durch die Zensur unserer Kinder und dann bleibt für den Flohmarkt nicht mehr ganz so viel übrig.

Loslassen lernen

Loslassen lernen gehört zu den großen Herausforderungen des Alterns. Das fängt damit an, wenn die Kinder aus dem Haus gehen. Für mich war der Auszug unserer Tochter ein Schockerlebnis. Nicht deshalb, weil sie nicht mehr täglich bei uns war, sondern weil ich dachte, ich hätte sie noch nicht ausreichend auf das Leben da draußen vorbereitet. Ich weinte allen Gelegenheiten nach, die ich dafür ungenutzt habe verstreichen lassen. Als dann ein Jahr später ihr älterer Bruder ging, war ich schon viel gefasster.

Auch die vielen Sachen, die wir im Laufe unseres Lebens angehäuft haben, müssen wir loslassen lernen. Manche Dinge haben ihre Geschichte und liebgewordene Erinnerungen hängen daran. Während ich noch vor zwei Jahren ausrastete, als unsere Teekanne aus der Studentenzeit zu Bruch ging, kann ich heute, wenn eines der Kinder fragt, ob es nicht irgendeinen Gegenstand aus unserem Haushalt bekommen könnte, ihn leichten Herzens herschenken. Ich freue mich sogar, dass sie ihn schätzen und ihn weiter in Ehre halten wollen. Und schließlich müssen wir Loslassen üben, indem wir aufhören, weiter Dinge anzuhäufen. Das ist keineswegs ein leichtes Unterfangen, fördert es doch unser Wohlbefinden, uns mit schönen Sachen zu umgeben. Und noch immer bringen wir aus jedem Urlaub ein paar Erinnerungsstücke mit.

Was ich sicherlich nicht mehr anschaffe, ist echten Schmuck. Das wenige, das ich besitze, ruht seit einer Auslandsreise vor einigen Jahren im Safe einer Bank. Und noch nie bin ich dorthin gegangen, um mir einen Teil davon zu holen. Außerdem ist die Bank zu der Zeit, in der ich eine Kette, einen Ring oder ein Armband gerne anlegen würde, geschlossen. Selbst wenn es mir gelänge, rechtzeitig meinen Schmuck zu holen, hätte ich die schönen Sachen ja wieder im Haus und müsste fürchten, sie könnten möglichen Einbrechern zur Beute fallen.

Oft denke ich, wenn ich in der U-Bahn sitze und beobachte, wie eine ältere Dame ihren Schmuck zur Schau trägt, dass sie sich unnötig selbst gefährdet. Wie leicht könnte ihr irgendein dahergelaufener Spitzbube die Pretiosen entreißen. Nein, ich möchte niemanden auf den Gedanken bringen, mich zu berauben.

Hin und wieder ertappe ich mich bei dem Gedanken, wie wohl mein Mann im Haus zurechtkommt, wenn ich einmal nicht mehr bin. Seit vielen Jahren erledige ich z. B. den gesamten Zahlungsverkehr. Noch nie befasste sich mein Mann mit dem Netbanking. Würde er überhaupt alle Unterlagen finden, die er braucht, um festzustellen, ob eine Zahlungsvorschreibung berechtigt ist? Würde er mein Ablagesystem durchschauen? Und umgekehrt hätte auch ich vieles zu suchen, das er abgelegt hat. Auch hier müssen wir noch einiges ordnen, Altes ausmisten und wirklich nur das griffbereit halten, was unbedingt notwendig ist.

Wo der Müll-Entsorgungsplan hängt, das weiß er. Aber könnte er auch die Heizung einschalten? Vorsorglich habe ich niedergeschrieben, welche Handgriffe dabei zu erledigen sind. Auch an der Waschmaschine hängt ein Schildchen, das daran erinnert, dass zu jedem Waschgang ein Wasserenthärter eingefüllt werden muss.

Die Zeit vergeht wie im Flug

Vor wenigen Tagen erhielten wir von einer Freundin die Einladung zu einer Feier zum 60. Geburtstag. Die Einladung zeigt eine Frau, die in den Spiegel schaut, Anti-Aging-Spray und Lippenstift vor sich auf dem Tisch. Darüber steht: „How can I possibly have had 60 Birthdays? I can only remember about twenty one of them ..." Die Frau auf der Einladung kann – oder will – nicht wahrhaben, dass sie schon 60 Jahre alt ist, sie kann sich erst an 21 Geburtstage erinnern. Wo ist die Zeit geblieben? Wie rasend schnell ist sie vergangen? Ich kann sie verstehen, weil auch ich mich das manchmal frage. Seit meiner Pensionierung habe ich den Eindruck, dass die Zeit noch schneller vergeht als zuvor. Liegt es daran, dass ich langsamer geworden bin? Dass ich mein Arbeitspensum nicht mehr so schnell schaffe? Die Einladung bedeutet für mich jedenfalls eine Warnung, zügig mit dem Ordnung-Machen fortzufahren. Wer weiß, wie wenig Zeit ich noch dafür habe.

Ich bin nicht mehr so belastbar wie früher. Mir dies einzugestehen und auch zu erlauben, hat längere Zeit gedauert. Tatsache ist, dass mir Dinge Stress verursachen, die ich früher „mit links" erledigt hätte. Ich schlafe manchmal schlecht, wenn ich weiß, dass ich am nächsten Tag ein übervolles Programm habe. Und wenn ich für eine Reise die Koffer packe, brauche ich doppelt so lange. Ich werde nervös, wenn ich für viele Gäste koche, was ich sehr gerne tue. Ist das normal? Oder schlägt wieder einmal mein Perfektionswahn durch? Die „Leichtigkeit des Seins", mit der ich mich oft über kleinere Probleme hinweggeschwindelt habe, ist mir irgendwie abhandengekommen. Dafür türmen sich manchmal vor mir Probleme auf, bei denen sich später herausstellt, dass sie eigentlich gar keine waren.

Echte und andere Freunde

„Geschätzt wird deine Funktion, aber nicht unbedingt du als Person." Wie oft ist mir dieser Ausspruch von Alois Mock, österreichischer Vizekanzler und Außenminister a. D., in den Sinn gekommen. Er hatte damals meinen Mann, als er sein Büroleiter war, vor persönlichen Enttäuschungen warnen wollen. Und doch fällt man immer wieder herein, fühlt sich zunächst geschmeichelt und ist überrascht, plötzlich aus der Wahrnehmung geraten zu sein. Erfahrungen dieser Art blieben auch uns nicht erspart. Seit wir nicht mehr im Beruf stehen, sind wir für manche Leute nicht mehr so interessant. Wir eignen uns nicht zum Geschäftemachen und spielen auch bei möglichen Postenvergaben keine Rolle. Gut so. Umso mehr schauen wir darauf, dass wir die Freundschaften, die uns mit einigen Menschen zum Teil schon jahrelang verbinden, wieder mehr pflegen. Jetzt haben wir mehr Zeit dazu.

Zu meinem 65. Geburtstag haben wir kein großes Fest gefeiert. Aber wir haben in den Wochen danach mehrmals zwischen sechs und acht Personen zu einem Abendessen zu uns nach Hause eingeladen. Das war zwar aufwändiger und für mich nicht ohne Stress, zugegeben. Aber es war höchst befriedigend, mit jedem bei Tisch reden zu können, zu diskutieren, zu erzählen, aber auch zu blödeln und lustig zu sein. Gelacht haben wir viel und uns alle pudelwohl gefühlt. So hatte ich viel mehr von meinen Gästen, als wenn sie alle auf einmal gekommen wären. Solange wir dazu noch in der Lage sind, wollen wir Feste feiern und Gäste einladen. Diese frohen Abende sind es, die uns dann auch über dürrere Zeiten tragen sollen. Mit einem Freundeskreis gemeinsam älter zu werden, bringt viele Vorteile. Man weiß, was man aneinander hat und auf wen man bauen kann.

Clemens Steindl

Geschenkte Zeit. Verschenkte Zeit?

Es ist nicht zu wenig Zeit,
die wir haben,
sondern es ist zu viel Zeit,
die wir nicht nutzen.
Seneca

Ewig jung?

Nicht nur mich begleitet schon seit Jahren der charmant gemeinte, schmeichelnde Hinweis, erheblich jünger auszusehen, als die Altersangabe tatsächlich verrät. Woran liegt es, dass ich diese beschönigende Bemerkung, die einem natürlich schon auch guttut, in letzter Zeit nicht mehr so oft höre? Hängt es damit zusammen, dass ich jetzt in Pension bin und – weil „weg vom Fenster" – nun das Alter erreicht habe, das nicht beschönigt werden braucht? Ist das vielleicht auch ein Zeichen dafür, dass man im Job jung sein muss? Oder sich zumindest jung geben sollte? Oder sieht man mir inzwischen auch an, dass ich schon so alt bin? Oder ist der früher nur anderen geltende boshafte Wunsch – hoffentlich wirst du so alt, wie du ausschaust – nun für mich zur Wirklichkeit geworden? Diese Selbstzweifel plagen mich nicht. Noch nicht? Doch: Was soll's! Entscheidend für mich ist, wie es mir geht, wie ich mich fühle, wie ich mit dem Alter zurechtkomme. Ob ich Freude am Leben habe, so wie es ist. Ob ich mit der Einstellung lebe, dass die Zeit, die ich (noch) vor mir habe, eine „geschenkte Zeit" ist. Für mich wäre die Zeit, die mir verbleibt, eine verschenkte, wenn sie so zerläuft wie die in der Ödnis dahinschmelzenden Uhren, die Salvatore Dalí so eindringlich gemalt hat.

Keinen Unterschied zwischen Jugend und Alter kann der Eulenspiegel des Orients, Nasreddin Hodscha, bekannt für seine schelmisch-hintergründigen Geschichten, feststellen. „Wie das?", wurde der Volksweise von den erstaunten Zuhörern gefragt, die er mit seinen doppelbödigen Geschichten erheitern und nachdenklich stimmen wollte. Weil er schon als Jugendlicher einen schweren Stein, der vor seiner Tür lag, nicht hochheben konnte, startete Hodscha im Alter einen neuen Versuch und scheiterte abermals. Aufgrund dieser Erfahrung des Scheiterns ist zumindest für Nasreddin klar: Zwischen Jugend und Alter gibt es keinerlei Unterschied.

Nicht alt werden wollen, ist ein uralter Menschheitstraum. Ewig jung sein zu können, versprechen die verschiedensten Anti-Aging-Programme, Wellnessangebote und Fitnesskonzepte. Hometrainer gehören inzwischen zur Grundausstattung in fast jeder Wohnung. Über einen „Crosstrainer", der den üblichen Bewegungs-Rhythmus des Gehens zu simulieren hilft und unterschiedlichste „Marsch"-Geschwindigkeiten zulässt, bin ich kürzlich beinahe gestolpert. Ein solches Gerät stand bei unseren Gastgebern gleich hinter der Eingangstür und nur durch ein geschicktes Ausweichmanöver konnte ich einer Kollision entgehen. Eine gewisse Rest-Sportlichkeit war also schon vor dem begrüßenden Händedruck gefordert. Da konnte es nicht ausbleiben, dass die Fitness-Ambitionen, die so demonstrativ zur Schau gestellt waren, zum abendlichen Diskussionsthema wurden. Mit meinen Aktivitäten konnte ich nicht brillieren. Mein einfaches Zimmer-Fahrrad, inzwischen „Ergometer" genannt, aus den Anfängen der inzwischen prächtig wogenden Fitnesswelle, findet gelegentlich Verwendung. Das schweißfördernde Gerät ist zwar einladend wie ein permanentes Menetekel vor dem Fernseher postiert, doch die körperfordernde Nutzung ist nicht sehr ausgeprägt. Die dekorative Bedeutung dieses zum Sporteln ermunternden Geräts ist somit auch ungleich höher als die mahnende Wirkung. Und weil zu viele Ermahnungen auch wirkungslos bleiben, wandert der Hometrainer immer wieder in die Abstellkammer, damit er nicht im Weg steht.

Kur für Leib und Seele

Zeitlich war es eine gute Fügung, dass mir im Jahr meines beruflichen Ausstiegs eine Kur „gewährt" wurde. Das übliche und häufige Leiden mit Kreuzschmerzen war guter und ausreichender Grund für meinen Hausarzt, mir eine Kur zu verordnen. Angetreten habe ich diese erst als Pensionist und somit in meiner Freizeit. Das sei erwähnt, damit nicht der

Eindruck entsteht, ich hätte mir noch knapp vor dem beruflichen Aus ein Time-out genehmigt. Diese Kur war für mich wertvoll. In mehrfacher Hinsicht. Psychisch, weil ich Abstand zum Vergangenen gewinnen und mich auf Neues einstellen konnte; physisch, weil körperlichen Wehwehchen zu Leibe gerückt wurde und ich wandernd, Rad fahrend, laufend meine Fitness verbesserte; mental, weil es mir rundum gut ging. Außerdem hatte ich in den drei Wochen mein Gewicht ordentlich reduziert. Natürlich unter ärztlicher Aufsicht. Außerdem habe ich drei Wochen lang auf jeglichen Alkoholkonsum verzichtet. Wenigstens wollen. Für einen Bewohner des schönen Weinortes Perchtoldsdorf besonders lobenswert. Doch es gibt auch hier Ausnahmen, die schon in alten Klosterregeln als Argument zur Unterbrechung des Fastens dienten. In alten Zeiten wurde ja die Genussverweigerung aufgehoben, wenn besondere Gäste kamen. Und ein solcher Gast war für eine Woche zeitgleich mit mir auf Kur. Die Ausnahmesituation war also eingetreten. Der besondere Kurgast war ein Abt, in diesem Fall ein Propst, der Vorsteher eines Klosters. Schnell fanden wir gute Rechtfertigungen für das Abweichen von der prinzipiellen Enthaltsamkeit, der wir uns nach wie vor unterwerfen wollten. Daher erlaubten wir uns lediglich ein Gläschen Wein und das nur beim Abendessen. Wir verständigten uns darauf, dass der Wein eine Gabe Gottes sei und dass es den Erdenbürgern geziemt, die Gaben Gottes dankbar genießend anzunehmen. Außerdem wisse ohnehin jeder Mensch, dass Wein, in Maßen genossen, lebensverlängernd wirkt. Und daher eine vernünftige Ergänzung zu einer Kur ist. Sich am rechten Maß zu halten, gilt auch hier.

In welche Kategorie gehöre ich?

Mit vielen Büchern bin ich zur Kur gefahren, habe viel gelesen und die Zeit der Erholung gut genutzt. Mit vielen Gleichaltrigen und Älteren kam es zu Gesprächen über Krankheitsbilder, aber auch über Lebensgestaltung und damit verbunden über unterschiedliche Lebenseinstellungen. Das sind natürlich Themen, die häufig von 60-plus-und-darüber-hinaus-Kurgästen aufgegriffen werden. Die dabei gewonnenen Erfahrungen spiegeln sich auch in vielen Publikationen wider, in denen Altersgruppen aufgrund ihres Verhaltens typisiert und kategorisiert werden. Meist kann ich diesen Verallgemeinerungen wenig abgewinnen, doch diesmal fand ich die Wortschöpfungen nicht ganz uninteressant:

- Unternehmungslustige „Neugierige" sollen etwa ein Drittel der 60-plus-Generation ausmachen. Es handelt sich um selbstbewusste Pensionisten, die gerne reisen, aktiv sind, Theater- und Konzertabonnements haben.
- Familienorientierte „Zufriedene" sind mit knapp 30 Prozent die zweitgrößte Gruppierung. Sie genießen das Leben, fühlen sich wohl in der eigenen Familie, aber auch in der durch Enkelkinder wachsenden „Groß"-Familie, für die sie auch unterstützend da sein wollen.

- Die inaktiv „Zurückgezogenen" bilden immerhin ein Viertel dieser Altersgruppe. Sie entsprechen den verbreiteten Klischees von den immobilen, sich isolierenden Alten, die resigniert haben und überdies materiell bedürftig sind.
- Die aktiven „Flotten" landen, weit abgeschlagen, an letzter Stelle. Das ist schon deswegen nicht leicht nachvollziehbar, weil sie doch in den beiden erstgenannten Kategorien einen starken Platz einnehmen. Macht doch die „Flotten" aus, dass sie fit und gesund sind, aktiv am gesellschaftlichen und sozialen Leben teilnehmen und technologie-interessiert sind.

Weil derartige Zuordnungen vereinfachen, sind sie wenig treffsicher. Insgesamt aber liefern solche Bilder ein buntes Spektrum der vielfältigen Interessen, Einstellungen und Lebensweisen von Senioren. Und wahrscheinlich findet man sich selbst sowie Ältergewordene in seinem Umfeld in unterschiedlichem Ausmaß in diesen Einordnungen wieder. Eines aber wird deutlich: Alter ist nicht generell gleichzusetzen mit Verfall, Krankheit, Rückzug, wie es jugendliche Medienmacher oft überraschend feststellen. Auch in Talkshows und Interviews treten körperlich und geistig fitte Promi- bzw. Herzeige-„Alte" auf, die ihr Leben interessant und abwechslungsreich gestalten.

Ein unauslöschliches Erlebnis für mich war ein Besuch im Atelier des in Osttirol lebenden Künstlers Jos Pirkner. Er ist eben dabei, die größte Bronzeplastik Europas zu vollenden, die er im Auftrag von Dietrich Mateschitz für die Red-Bull-Firmenzentrale in Fuschl gestaltet. Jos Pirkner ist mit seinen inzwischen 85 Jahren ein Phänomen. Mitreißend seine Dynamik, seine blitzenden Augen, seine Begeisterung, sein Arbeitspensum, seine Freude am Werken. Da schauen manche Jüngere ziemlich alt aus daneben. Wenn er in seinem Atelier, umgeben von seinen Kunstobjekten, über die treibenden Kräfte seines Schaffens spricht, dann macht sich eine Energie breit, die das Alter vergessen lässt und nur noch pure Dynamik ist. Die Fitness, die Jos Pirkner als Bildhauer gewinnt, ist das Resultat der „Schinderei des Berufs", wie er es nennt, die für ihn jedoch ein Wellnessprogramm ist.

Ein ganz anderes Bild entwickelt demgegenüber Theodor Fontane, der im Roman „Stechlin" den knapp über 60-jährigen gleichnamigen Romanhelden als alten und müden Mann beschreibt. In dieser Spannweite von kraftvollem Arbeiten und müdem Rückzug vollzieht sich das Leben der Pensionisten. Pauschalisierungen passen nur ungenau zur bunten Vielfalt des Lebens im Alter.

Senioren sind eine attraktive Zielgruppe

Nicht nur wegen ihrer Wählerstimmen sind die Senioren eine attraktive Zielgruppe, sie sind auch als konsum-, reise- und lesefreudige Klientel heftig umworben. Am Büchermarkt boomt die Beratungs- und Erbauungsliteratur „Über das Altern". Unüberschaubar ist die ständig wachsende Flut an

Publikationen, die suggerieren, dass sich das Unbekannte und Unvorhersehbare, dem man sich alternd gegenübersieht, beherrschen lässt. In digitalen Bücherverzeichnissen finden sich unter dem Suchbegriff „Über das Altern" mehr als 700 entsprechende Hinweise. So erweitert auch der Bücher- und DVD-Markt den wuchernden Anti-Aging-Markt, der von sagenhaft wirksamen Cremes und Schönheit versprechenden Liftings beherrscht wird, mit vielversprechenden Angeboten. Dass sich auch viele Seminaranbieter in diesem Feld tummeln, die sich trotz ihres jugendlichen Alters als „Experten fürs Altwerden" anpreisen, verwundert da nicht mehr.

Eine Auswahl von Buchtiteln aus dem publizistischen Ratgebermarkt für „Alte" beginnt bei empfohlenen „50 einfachen Dingen", die man über das „Alter wissen muss". Wenn man die Balance zwischen „Müßiggang und Engagement" findet, dann kann man sogar „wie ein Gentleman altern". Unvermeidlich ist der drohende Hinweis, dass es sich bald um den „letzten Geschlechtsverkehr" handeln wird. Und überhaupt: mit einer Frischzellentherapie lässt sich sogar ein „Sieg übers Altern" einfahren. Dazu kann auch ein „Kleines Trink- und Trostbüchlein" beitragen, in dem man erfährt, wie man mit dem Durst und dem Alter „fertig" wird. Altern ist nicht nur ein Prozess, dem man nicht entrinnt, für manche soll es auch eine „Kunst sein zu altern". Eine mutige Prognose ist sicherlich, dass sich das Altern „umkehren lässt", wodurch man eben „niemals alt" wird. Schließlich wird das Älterwerden als „Abenteuer" beschrieben, wofür wiederum manches spricht, weil es noch vieles zu erleben gibt und weil das Leben nach dem Beruf bzw. das Leben bis zum bevorstehenden Tod aktiv gestaltet werden kann. Mit einer „spirituellen Altersvorsorge" bleibt man sodann „dem Leben auf der Spur". Der äußerlich kaum alternden Peter Kraus hat eine Biografie mit dem sehnsuchtsvollen Titel „Für immer jung!" geschrieben. Die vergeblichen Bemühungen, ewig jung zu sein, erinnern auch an die verzweifelten und letztlich erfolglosen Bemühungen der Alchemisten, den „Stein der Weisen" zu finden.

Nur ein Glühwürmchen?

Hinter all diesen Ankündigungen, Beschönigungen und Vertröstungen verbergen sich letztlich die zentralen Fragen des Menschseins, die sich mit fortschreitendem Alter verstärkt stellen. Sie lassen sich vielleicht zurückdrängen, aber auf Dauer ganz gewiss nicht verdrängen. Es sind Fragen, die jeden Einzelnen – nicht erst in der Pension, dann aber besonders – herausfordern. Philosophen und Theologen versuchen ebenso wie Künstler darauf immer neue Antworten zu finden. So war es Paul Gauguin, der 1897 ein Bild malte, das – wie er selbst sagte –, nicht nur „an Wert alle anderen übertrifft, sondern dass ich niemals etwas Besseres oder Ähnliches malen werde". Dieses geradezu hymnisch selbstgelobte Werk hat als Titel drei zentrale Menschheitsfragen:

- Woher kommen wir? Es ist die Frage nach unserer Herkunft und unserem Ursprung.
- Wer sind wir? Ist die Frage um die eigene Identität, um das gelebte Selbstverständnis.
- Wohin gehen wir? Dabei geht es um die Zukunft, um die Frage des „Danach".

Diese brennenden und drängenden, bisweilen auch bedrängenden Fragen hat Kardinal Franz König durch eine weitere überhöht: „Was ist der Sinn des Lebens?" Und damit um das „Warum" und „Wozu" des Lebens. In der Hektik, den Ablenkungen und vielfältigen Anforderungen des Berufslebens kann es durchaus sein, dass diese elementaren Fragen zurückgestellt werden. Sie stellen sich jedoch mit voller Wucht denen, die über das endgültige Aus des Lebens nachdenken und befürchten, ins blanke Nichts zu fallen oder wie ein Glühwürmchen aufgeleuchtet zu haben und einfach zu verlöschen. Mehren sich doch mit zunehmendem Alter die Nachrichten über den Tod von Gleichaltrigen, von Arbeitskollegen, von Schul- oder Studienfreunden. Ein Blick in die Todesanzeigen von Zeitungen bestätigt: die Jahrgänge ab 60 plus sind verstärkt an der Reihe.

Man muss also, wie es Jean Amery unvergleichlich ausgedrückt hat, „mit dem Sterben leben". In diesem begrifflichen Spannungsbogen von Sterben und Leben, zwischen dem, was sein wird, und dem, wo man sich gerade befindet, vollzieht sich das Älter- bzw. Altwerden. Daran führt nichts vorbei. In diesem unausweichlichen Geschehen sieht der im Alter von 102 Jahren gestorbene Philosoph Hans-Georg Gadamer das „Hinschmelzen der Zukunft". In der Tat: Mit Beginn des mehr oder minder aktiven Ruhestands ist der größte Teil des Lebens unwiederbringlich vorbei. Es bleibt noch eine zeitliche Spanne, die zu leben ist, das Glas ist nicht einmal mehr halb voll, aber im Alter kommt es darauf an, nicht den größeren leeren Teil des Gefäßes im Blick zu haben, sondern die Schlucke, die einem noch geblieben sind.

Bei diesen Überlegungen könnte aus dem Visier geraten, dass wir ein Teil(chen) einer der größten Errungenschaften der Menschheit sind: Wir leben nicht nur länger als unsere Vorfahren, sondern auch immer gesünder. Lässt sich nicht auch sagen, dass Altwerden noch nie so schön war wie in der Gegenwart? Natürlich: Älterwerden heißt nicht sorgenfrei leben oder von Bedrängnissen nicht ein- oder überholt zu werden. Leben ist, wie der Volksmund sagt, immer lebensgefährlich. Das gilt erst recht im Alter. Aber jedes Jahr, das man (er)lebt, ist ein Geschenk, und gerade die Jahre zwischen Berufs- und Lebensende können als *ge*schenkte Jahre wahrgenommen und gestaltet werden. Damit es keine *ver*schenkte Zeit wird, dazu bedarf es des Loslassens von dem, was war, und ein offenes Zugehen auf das nur in Maßen Planbare, auf das Neue, auf das Unerwartete. Oder wie es P. Anselm Grün formuliert: „Wir brauchen die Erfahrung des Ankommens und des Angekommenseins, um uns wieder auf den Weg zu machen."

Kapitel 6

EINANDER ALS PAAR
NEU (ER)FINDEN

Gertraude Steindl

Sonnenstrahlen sammeln für kältere Tage

Jeder, der sich die Fähigkeit erhält,
Schönes zu erkennen,
wird nie alt werden.

Franz Kafka

… im eigenen Garten

Das Grundstück in Perchtoldsdorf, auf dem ein altes verfallenes Haus stand, haben wir seinerzeit wegen der Kinder erworben. Sie waren damals zwei und fünf Jahre alt und sollten möglichst viel in der frischen Luft sein können, auf Bäume klettern und im eigenen Sandkasten spielen können. Dazu war der Garten, den wir vorfanden, ideal. Er war sozusagen „erwachsen" mit mehreren Bäumen darin: zwei Lärchen, einer Eibe, vier Apfel- und zwei Marillenbäumen, einem Zwetschkenbaum, Sträuchern mit roten und schwarzen Ribiseln, Walderdbeeren, Brombeer- und Himbeersträuchern und jede Menge verwilderter Blumen und Rosen. Wir haben anfangs unsere kleine Wildnis immer nur zurückgeschnitten und nur ein kleines Beet angelegt für Karotten, Radieschen, Spinat, Salat und einige Kräuter. Der Fußball konnte fliegen, wohin er wollte, er würde nichts ernsthaft ruinieren können.

Erst in späteren Jahren, als unsere Jugendlichen nicht mehr so interessiert waren, draußen herumzutollen, haben wir einige Bäume fällen lassen und den Garten neu angeordnet, um ein kleines freies Rasen- bzw. besser Wiesenstück zu bekommen. Damals wurden auch an die Ränder mehrere im Frühjahr blühende Sträucher gesetzt. Nachdem ich dann wieder berufstätig wurde, verband ich mit dem Garten nur noch eine niemals zu bewältigende Last, die mich überforderte. Weder mein Mann noch ich hatten Zeit, wenigstens die allerwichtigsten Gartenarbeiten zu erledigen. Schon das Rasenmähen wurde zur Qual, weil es stets am Samstag vor 12 Uhr mittags beendet sein musste. Und wenn es regnete, konnte ohnehin nicht gemäht werden und das Gras wuchs wieder eine Woche höher. Das Gemüsebeet gab es schon lange nicht mehr, lediglich die Kräuter wucherten nur so vor sich hin wie übrigens auch der Efeu an der Mauer der rechten Gartenseite. Immer wenn es wieder so weit gekommen war, dass mein Mann sich weigerte, Gäste einzuladen, weil er sich wegen des verwilderten Gartens genierte, investierten wir ein ganzes Wochenende in die Gartenarbeit. Das Ende vom Lied: Nach der ungewohnten Tätigkeit waren wir körperlich angeschlagen, der Rücken tat weh, die Glieder schmerzten und wir schworen uns, von nun an regelmäßig Unkraut zu jäten, damit es nicht wieder so viel auf einmal würde. Bei diesen guten Vorsätzen blieb es dann aber leider auch.

Deshalb war es die erste Tat, nachdem mein Mann in Pension gegangen war, sich dem Garten zu widmen. Er besorgte sich aus einem Flüchtlingslager Arbeitskräfte, wies sie ein und arbeitete dann drinnen am Computer. Am ersten Tag klappte das ganz gut, weil er einen kundigen Helfer gefunden hatte. Aber schon am zweiten Tag, es war ihm ein neuer Arbeiter zugeteilt worden, ging es komplett daneben. Der Helfer hatte alles kurz und klein geschnitten, manches war für immer verloren. Ich war damals noch in meinem Beruf tätig und Mitarbeiterinnen fragten besorgt, was denn mein Mann alleine zu Hause treiben würde. Meine kurze Antwort: „Er verwüstet derweil unseren Garten."

Mithilfe eines Gärtners haben wir dann nach der Radikalkur unseren Garten neu angelegt und sind seither sehr zufrieden mit dem Ergebnis. Nach langen Jahren können wir unseren Garten wieder genießen. Er macht uns auch jetzt noch Arbeit, die wir, so lange wir können, selbst erledigen wollen. Wir nehmen uns heute Zeit dafür und haben auch die entsprechende Muße. Hinauszugehen und mit dem Zwicker einmal eine Runde zu drehen, wirkt entspannend. Und unter dem Apfelbaum zu sitzen oder ein Nickerchen zu halten, tut uns gut. Wir freuen uns, wenn es gelingt, ein wenig Gemüse anzubauen, und sind uns sicher, dass die sonnengereiften Tomaten aus unserem Garten besser schmecken als alle, die man im Geschäft kaufen kann. Die Gartenarbeit erledigen wir in kleinen Dosen, gerade eben so, dass uns hinterher nicht die Glieder schmerzen. Wir sehen sie heute oft als willkommene Ablenkung zu unserer sitzenden Tätigkeit am Schreibtisch. Wir lieben unseren Garten zu jeder Jahreszeit, von der Magnolienblüte im zeitigen Frühjahr bis zur Apfelernte im Herbst. Als Nächstes werden wir wieder einen Sandkasten bauen, eine Rutsche und vielleicht ein kleines Häuschen für unser Enkelkind. Darauf freuen wir uns schon.

Sehr gerne erzähle ich die Geschichte von der Maus Frederick von Leo Lionni. Während alle Mäuse das ganze Jahr über eifrig Tag und Nacht Körner, Nüsse, Weizen und Beeren für den Winter sammelten, arbeitete Frederick nicht mit. Darauf angesprochen sagt er: „Ich arbeite doch, ... ich sammle Sonnenstrahlen für die kalten, dunklen Wintertage. Ich sammle Farben, denn der Winter ist grau, und ich sammle Wörter. Es gibt viele lange Wintertage, und dann wissen wir nicht mehr, worüber wir sprechen sollen.“

Nachdem der Winter ins Land gezogen war und die Mäuse nach und nach alle Nüsse und Beeren aufgeknabbert hatten, fingen sie schrecklich an zu frieren. Und vor lauter Kälte wollten sie auch nicht mehr miteinander sprechen. Da erinnerten sie sich an Frederick, riefen nach ihm und fragten ihn nach seinen Vorräten. „Macht die Augen zu“, sagte er, „ich schicke euch Sonnenstrahlen. Warm, schön und golden.“ Und während Frederick von der Wärme der Sonne, von den Farben der Blumen und den Früchten des Feldes erzählte, wurde es den Mäusen gleich viel wärmer.

An diese Geschichte von Frederick muss ich oft denken, wenn wir Schönes erleben: in unserem Garten, auf Reisen, beim Zusammensein miteinander und mit unserer Familie, im Zusammensein mit unseren Freunden. Das viele Schöne, das wir erleben dürfen, sind unsere Sonnenstrahlen für die kälteren Tage, für den Winter unseres Zusammenlebens, für unsere letzte Lebenszeit. Die Erinnerung daran wird uns durch diese Zeiten tragen, so hoffen wir. Wir müssen nur offen dafür bleiben, das Schöne, das uns geschenkt wird, auch zu erkennen, und uns bewusst sein, dass es nicht selbstverständlich ist.

… auf Reisen

Zu den besonders schönen Erlebnissen unseres Zusammenlebens zählen unsere Reisen. Mein Mann und ich reisen gerne, am liebsten auf eigene Faust und nach unserem Programm, was nicht heißt, dass wir uns nicht hin und wieder auch einmal einer Reisegruppe anschließen. Heute ist es ja dank Internet sehr einfach geworden, eine Reise selbst zu planen und zu organisieren. Davon machen wir regen Gebrauch. Besonders gerne sind wir im Herbst einige Tage in Oberitalien, im Friaul, dem Trentino oder dem Veneto. Wir bewundern die historischen Stadtzentren mit ihren Gebäuden, die Kirchen und Palladio-Villen, die Eleganz der Geschäfte, wir lieben den Tocai Friulano, der sich jetzt dank EU nicht mehr Tocai nennen darf, sondern nur noch Friulano, den Prosecco aus Valdobbiadene, die fast überall ausgezeichnete italienische Küche und die freundliche Lebensart der Italiener. Gerne möchte ich noch die Landessprache lernen, sodass ich mich etwas besser verständigen kann. Bislang ist es ein einziges Radebrechen, mit dem wir es trotzdem schaffen durchzukommen.

Gegenden, die wir mehrfach bereist haben, sind die deutsche Nordseeküste mit ihren Inseln und der ungeheuren Weite der leeren Strände, die Ostsee bis hinauf nach Tallin, ganz England, die Bretagne, Polen, die USA und Afrika mit seinen Wüsten und der beeindruckenden Tierwelt. Ich zähle das deshalb auf, weil sichtbar wird, wo wir nicht waren und wo wir vermutlich auch nicht mehr hinkommen werden. Eine viele Stunden lange Flugreise in der Economyclass ist uns ein Gräuel und schmälert unsere Urlaubsfreude enorm. Auf der Strecke wird deshalb wohl auch unser lang gehegter Wunsch bleiben, nach Australien zu fliegen.

Dazu kommt, dass wir auch nicht bereit sind, jedes Klima auszuhalten. Wir wählen sorgfältig aus, wann wir wohin fahren. Zu hohe Temperaturen und Luftfeuchtigkeit versuchen wir zu vermeiden. Eine meiner Freundinnen sagt immer: „Fahrt nur weit fort, so lange es euch Spaß macht. Die Zeit wird kommen und wir werden uns alle zur Sommerfrische am Semmering treffen." Sie wird schon recht haben.

Noch gibt es einiges in Europa, das wir noch nicht kennen, es bleiben also noch genügend interessante Reiseziele. Auf der anderen Seite denken wir manchmal, wenn wir irgendwo in der Ferne sind, hierher werden wir wahrscheinlich nicht mehr kommen. Und wenn es uns dort gefällt, bedeutet das Wegfahren einen kleinen Abschied, das endgültige Loslassen eines schönen Erlebnisses. Auf wie viele Sonnenuntergänge haben wir schon gewartet und konnten unseren Blick erst abwenden, wenn der Sonnenball schon eine Weile am Horizont verschwunden war? In unserer Erinnerung bleiben die Bilder davon präsent. Und ich wundere mich jedes Mal, dass die Bilder in meinem Kopf viel schöner sind als die Fotos, die ich mit meiner Kamera geschossen habe. Liegt es daran, dass meine Erinnerung immer in einen größeren Zusammenhang eingebettet ist und ich viel mehr sehe, als auf einem Foto sichtbar sein kann? Oder liegt es einfach nur daran, dass die Fotolinse an die Perfektion des menschlichen Auges nicht herankommt?

… mit unserem Enkelkind

Für unser Enkelkind Clara denken wir kleinräumiger. Wenn sie etwas größer ist, würden wir ihr gerne die Schönheiten unseres Landes Österreich zeigen. Da haben wir gegenüber ihren Eltern sicherlich den Vorteil, dass wir Zeit haben während der großen Ferien und sie selbst nicht neun Sommerferienwochen mit ihrer Tochter werden verbringen können. Und wenn wir die „Niederösterreich Card" abfahren, gibt es genügend Interessantes und Schönes zu erleben.

In den Zeitungen lese ich viele negative Schlagzeilen über das Alter: Dass es eine „defizitäre Lebensphase" sei, die von „Einsamkeit bedroht" ist, weil „sich im Zuge der Modernisierung die Familienbande auflösen", und dass es schwierig sei, Rhythmus und Sinn des neuen Lebensabschnitts zu finden. Diese Diagnose halte ich für verfehlt. Vielleicht wird es auf diejenigen zutreffen, die keine Kinder haben, weil sie sich bewusst dagegen entschieden hatten. Wer Kinder und vielleicht sogar Enkelkinder hat, behält immer eine Aufgabe. Denn die jüngere Generation greift gern auf das Reservoir der älteren zurück, wenn man sie nur lässt. Und die ältere Generation freut sich, in das Leben der Jungen miteinbezogen zu sein. Die aktuelle Altenstudie der Hallenser „Nationalen Akademie der Wissenschaften Leopoldina" verweist die Vorstellung, dass alte Menschen ihren Angehörigen zur Last fallen, in das Reich der Legende: „Bis zum 80. Lebensjahr sind die Älteren die Gebenden, erst danach überwiegend die Nehmenden."

… in unserer gemeinsamen Beziehung

Nach 40-jähriger Ehe und bald 50 Jahren des Zusammenseins haben wir, mein Mann und ich, wieder ein Leben entdeckt, das wir als Studenten führten. Ohne Rücksicht darauf, am nächsten Morgen wieder in den Beruf zu müssen, können wir ausgehen. Wir besuchen Theater, Kinos, Konzerte, Ausstellungen und nehmen an Veranstaltungen teil, die besonders ich in den letzten Berufsjahren nicht wahrnehmen konnte. Wir genießen es, das gemeinsam zu unternehmen, es befriedigt unsere Interessen und unsere Offenheit und Neugier gegenüber vielen Dingen, die wir nicht kennen. Bringt es doch hinterher stets neue Themen in unsere Kommunikation. Auch heute noch haben wir uns viel zu sagen, diskutieren mitunter heftig und ausdauernd. Erst gestern haben wir uns beim Heurigen in ein Streitgespräch verwickelt, in dem es um die zunehmenden Erkenntnisse der Genetiker und die fortschreitende Ökonomisierung unseres Lebens ging. Wir waren am Ende einer Meinung, als wir bemerkten, dass nur die jeweils unpräzise Ausdrucksweise den anderen zum Widerspruch gereizt hatte. Ja, und da muss ich sagen, dass mich niemand so auf die Palme bringen kann wie mein Mann. Vielleicht ist das so, weil er mich so gut kennt? Vielleicht reizt ihn gerade das?

Wichtig ist im Zusammenleben, Konflikte nicht lange mit sich herumzutragen und womöglich die Kommunikation einzustellen. Eigentlich weiß jeder von uns, dass der andere nicht wehtun will, und wenn es trotzdem passiert, dann geschieht es nicht mit Absicht. Noch am selben Tag muss einer von uns beiden ein Signal der Versöhnung senden. Das ist ausgemacht und hat bis jetzt immer funktioniert.

Ich bin dankbar, dass wir gemeinsam alt werden dürfen. Allein würde es mir sicherlich nicht so gut gelingen. Und es ist besonders schön an der Seite eines Menschen, der mit einem Freude und Leid teilen kann. Der die gemeinsamen Erlebnisse so schätzt und beurteilt, wie man es selbst tut. Der für einen da ist, wenn man ihn braucht, und an dessen Schulter man sich auch einmal ausweinen kann. Dafür ist es wert, auch einmal klein beizugeben.

Clemens Steindl

Sich selbst und das Miteinander neu entdecken

> *Jemanden lieben, heißt einwilligen,*
> *mit ihm alt zu werden.*
> Albert Camus

Unser Zusammenleben hat in der Pension eine neue Qualität bekommen und eine weitere Bereicherung erfahren. Wir sind nun 40 Jahre verheiratet und da soll nun die Rubinhochzeit gefeiert werden. Dass es diesen Begriff gibt, weiß ich erst deshalb, weil ich mich googelnd schlau gemacht habe. Bei der Gelegenheit entdeckte ich auch ein „Hochzeits-Magazin", das über vierzig Jahre Ehe in geradezu überschwänglicher Form schreibt. Glaubt man dem, was ich da lese, dann haben wir diese vier Jahrzehnte in „unerschütterlicher und immerwährender Liebe" verbracht und führen noch immer ein Leben „voller Feuer". Na ja. Soll sein. So sehen eben schwulstige Marketing-Texte aus, bei denen es nicht um die Beschreibung von Wirklichkeit, sondern eher um die ungestüme Beschönigung von Realität geht.

Wir hatten uns schon lange vor dem Hochzeitstermin kennengelernt, nämlich sieben Jahre vorher. Doch der „40er" unseres Miteinanders wird gefeiert. Nicht überladen, sondern in Dankbarkeit dafür, dass wir uns gefunden und dass wir es so viele Jahre mit-

155

einander ausgehalten haben. In Höhen und Tiefen, in Freude und Leid, in Konflikten und im Zusammenraufen. Wir kennen uns nun schon fast ein halbes Jahrhundert, haben den Großteil als Ehepaar zusammen gelebt und finden unser Leben noch immer abwechslungsreich und spannend. Auch im Blick auf unsere Umwelten, in denen die Dauerhaftigkeit der Beziehungen zwar ersehnt, aber nicht das Übliche ist. Es mag ja auch sein, dass zutrifft, was Ephraim Kishon geschrieben hat: „Hinter einer langen Ehe steht immer eine sehr kluge Frau!"

Es ist eine Illusion anzunehmen, dass es in einer Ehe nur Sonntage gibt. Ebenso irreführend ist die Illusion, Zusammenleben könnte konfliktfrei erfolgen. Das Auf und Ab in einer Beziehung zu verdrängen, hieße die Augen vor der Wirklichkeit zu verschließen. Den siebten Himmel gibt es nur an wenigen Tagen, ansonsten herrscht die Mühe des Alltags. Doch wie kommt man aus den Niederungen heraus, wenn während des Tags Konflikte entstanden sind, die sich nicht sofort bewältigen lassen? Wie kann man sich von einer aufgeschaukelten Stimmung wieder herunterholen? Um nicht im Tal zu verharren, haben wir eine Vereinbarung getroffen, die bis heute gilt und – was entscheidend ist – praktiziert wird: Der Tag darf nicht zu Ende gehen, ohne ein Signal der Versöhnungsbereitschaft – und sei es noch so bescheiden. Ein Signal, das ankündigt, dass man wieder neu starten will. Auch deswegen, weil man nicht so gut schläft, wenn der Ehesegen schief hängt.

Das „Öl im Getriebe" der gemeinsamen Lebensgestaltung ist der Ärger – sofern er in gemeinsamer Anstrengung bewältigt wird. So sieht es der französische Soziologe Jean-Paul Kaufmann, der sich seit vielen Jahren mit den Tücken und Mechanismen der Paarbeziehung beschäftigt. Ärger ist, so seine Erkenntnis, für jede Partnerschaft lebensnotwendig. Am Beginn der Beziehung ist er von Verliebtheit und Wohlfühlen überlagert, da sind die Fallen des Alltags noch ungeahnt, die zur Lebenswirklichkeit gehören. Auch die Verhaltensweisen, an die man sich erst gewöhnen muss, die Rituale oder „Ticks", die sich erst abschleifen müssen, sind noch unbekannt. Den Gleichklang zwischen der gewollten Gemeinsamkeit und dem Sichern von Eigenständigkeit bzw. Eigenwilligkeit der Partner herstellen zu wollen, ist die tragfähige Basis für ein Leben „bis der Tod uns scheidet". Dieses Bemühen kann scheitern, wie Kaufmann beobachtet, wenn es in einen „erbitterten Kampf" mündet, der das Zuhause zum „Kriegsschauplatz" werden lässt. Hingegen lässt sich – so die These Kaufmanns – an der Intensität und Häufigkeit erkennen, mit der sich ein Paar den Ärgernissen stellt, wie erfolgreich und ernsthaft an einer gelingenden Partnerschaft gearbeitet wird.

In unverblümter, irritierender Direktheit hat Winston Churchill aus seiner kämpferischen Sicht auf den Punkt gebracht, was zur Stabilität und Dauerhaftigkeit einer Beziehung beiträgt. „Wenn zwei immer einer Meinung sind, ist einer zu viel", lautet sein Diktum, das meine beruflichen Wegbegleiter und privaten Freude immer wieder von mir zitiert hören. Das Diktum wäre falsch verstanden, würde man darin ein Plädoyer für ein Leben im Dauerkonflikt herauslesen. Es ist vielmehr eine Einladung, das Gemeinsame und Verbindende zu suchen, das nicht in der willfährigen Bestätigung anderer Meinungen gefunden wird, sondern im vertrauensvollen Ernstnehmen auch gegensätzlicher Positionen. Gelingende Ehe ist ein dynamischer, nie endender Prozess, bei dem Veränderung auf der Tagesordnung steht.

Doch zurück zu unserem Kennenlernen. Es „passierte" am ersten Tag unseres Studiums. Unsicher, wie das alles läuft, war ich überpünktlich und wartete vor der verschlossenen Hörsaaltür. Und da kam meine jetzige Frau des Weges. Ebenfalls überpünktlich. Ob es Liebe auf den ersten Blick war? Auf jeden Fall erinnere ich mich noch gut daran, wie alles begann. Gleich nach der Vorlesung haben wir uns verabredet und uns in ein Café gesetzt. Wir wissen sogar noch, was wir damals konsumiert haben. So nahm das Schicksal seinen Lauf …

Wir haben zwei Kinder bekommen und – wie man so sagt – großgezogen. Hoffentlich ist es aber gelungen, ihre Talente zu unterstützen, ihre Fähigkeiten zu fördern und ihnen eine Entwicklung in Eigenständigkeit zu ermöglichen.

Familie und Beruf: Wie sieht meine Bilanz aus?

Die Kinder, nun schon erwachsen und beruflich gut unterwegs, sind schon lange von zu Hause ausgezogen und organisieren ihren eigenen Haushalt. Sie haben an mir nach der Pensionierung positive Veränderungen festgestellt. Ich wäre „entspannt", „gelassen" und „ruhiger" geworden. Nur selten hätten sie mich in all den Berufsjahren in so einer guten Verfassung gesehen wie in den Wochen und Monaten danach. Ich denke daher oft darüber nach, ob ich die Gewichte zwischen Beruf und Familie richtig verteilt hatte. Oft frage ich mich auch, ob es immer richtig war, sich im Beruf so intensiv zu verausgaben. Ob es denn nicht besser oder einfach schöner gewesen wäre, mehr Zeit zu Hause zu verbringen? Doch diese Fragen sind Schnee von gestern.

In allen beruflichen Situationen habe ich mich ja – von Irritationen abgesehen – wohlgefühlt, war hoch identifiziert und einsatzfreudig. Man kann es auch so sagen: Es hat mir Spaß gemacht, wobei nicht jene Art von Spaß gemeint ist, die sich in der „Spaßgesellschaft" austobt. Vor Jahren hatte ich in mein Büro ein Poster gehängt mit der Aufforderung „Denk positiv!", und zwar so, dass es bei allen Gesprächen und Meetings mir genau gegenüber hing. Als Einladung an mich, an die ich mich auch meist gehalten habe. Zugegeben: nicht immer, aber immer öfter. Das bedingte aber auch, vieles nicht hinunterzuschlucken. Dabei habe ich sicher manches Mal mit heftigen Schnell-Reaktionen – im guten Wortsinn – aufhorchen lassen. Nicht immer zur Freude meiner Umgebung, die jedoch immer auch Verständnis aufbrachte, wenn wir hinterher die Situationen klärten. Wie gesagt: Ich habe mich in meinen Berufsjahren immer mit Begeisterung und – worauf es mir persönlich ankam – mit Freude eingebracht.

Was hat das mit der Familie zu tun? Sehr viel, denn meine Jobs haben mich vereinnahmt und ich habe mich vereinnahmen lassen. Bisweilen über Gebühr. Weil ich darin aufging. Rückblickend kann ich nur sagen, nicht nur meine Kinder und meine Frau haben in meinem Berufsleben auf mich „verzichten" müssen, sondern ich selbst habe auf manches „verzichtet". Das schreibe ich auch mit einer gewissen Wehmut, weil mir vieles im familiären Geschehen entgangen ist. Doch diese Wehmut ist durch die Freude, vielleicht auch durch den Erfolg im Job überdeckt. Die Hektik des Berufslebens hat manches Private zurückgedrängt, aber nicht verkümmern lassen, was jetzt in der Pension als neue Qualität des Zusammenlebens in den Vordergrund rückt.

Die Fragen kehren immer wieder: Soll man sich im Job zurücknehmen? Soll man seine Identifikation nicht ausleben? Wie kann man „Work-Life-Balance" erreichen, also einen Zustand schaffen, in dem sich die Anforderungen des Berufs mit den Sehnsüchten eines Familienlebens in Einklang bringen lassen? Insbesondere in einer Gesellschaft, die vom Konkurrenzdenken beherrscht scheint. Wobei sich die prinzipielle Frage stellt, ob es diese „Balance" überhaupt geben kann, deren Voraussetzung ja die Gleichwertigkeit von „Work" und „Life" wäre. Hierzulande wird diesbezüglich von „Vereinbarkeit von

Beruf und Familie" gesprochen und damit werden schon in der Wortwahl erheblich anspruchsvollere Ziele angepeilt: Es geht darum, die Bedingungen des Berufs mit ihren zeitlichen, psychischen und physischen Vereinnahmungen mit den Bedingungen zu versöhnen, die Familie ausmachen. Auch wenn diese Vereinbarkeit ein fast unerreichbares Ziel zu sein scheint, bleibt es doch ein erstrebenswertes Ziel.

Rituale schaffen Beziehungen

Wichtig für unser Zusammenleben waren bzw. sind auch Rituale. Eines, das wir seit unserer Hochzeit mit einer gewissen Beharrlichkeit praktizieren, ist das gemeinsame Frühstück und das gemeinsame Essen in familiärer Gemeinsamkeit. Berufliche Notwendigkeiten und ehrenamtliche Aktivitäten haben oft nicht zugelassen, dass wir uns wochentags gemeinsam an den Tisch gesetzt haben. Auch das tägliche Frühstück miteinander war nicht immer möglich. Doch auch hier gilt: Konsequenz ist wichtig, doch die Ausnahmen machen sie l(i)ebenswert. Sowohl als kinderloses Paar als auch später mit unseren Kindern haben wir versucht, diese Rituale einzuhalten und durchzuhalten. Je näher aber für die Kinder die Matura rückte, umso häufiger blieben wir „Alten" am Morgen allein. Frühstücken galt als „uncool" und darauf wurde zugunsten verspäteter Aufstehzeiten verzichtet. Auf der Strecke blieb der gemeinsame Tagesbeginn. Was aber dennoch blieb, war, dass der Frühstückstisch täglich für alle vier gedeckt wurde. Unverdrossen und hoffnungsvoll, denn die Hoffnung stirbt bekanntlich als letztes.

Auch als unsere Kinder schon ausgezogen waren, haben wir uns am Sonntag zum gemeinsamen Mittagessen getroffen. Selbstverständlich waren später auch deren Partner zu diesen Treffen in der größer werdenden Familie eingeladen. Kann sein, dass es dieses und andere Rituale sind, die uns miteinander verbinden und zusammenbringen. Auch jetzt noch, da beide Kinder ihre eigenen Wege gehen, treffen wir uns noch häufig, aber nicht mehr regelmäßig. Und es sind immer schöne Begegnungen, die jetzt in „gelassener" und „entspannter" Atmosphäre ablaufen. Es soll nicht unter den Tisch gekehrt werden, dass wir auch manche spannungsvollen Diskussionen ausgetragen haben. Je offener miteinander geredet wird, umso tiefer und tragfähiger sind die Beziehungen. Auch das ist eine Erfahrrung mit unseren Ritualen.

Besondere Ereignisse sind weiters unsere Begegnungen an den österlichen und weihnachtlichen Festtagen, wobei das Aufstellen des Christbaumes mit seinen Tücken auch eines dieser zusammenführenden Rituale ist.

Für mich ist der sogenannte Ruhestand *die* große Chance, unsere, das heißt meine Familie in ihrer Vielfalt, Kraft und Qualität neu zu entdecken und aufs Neue zu festigen. „Die Familie täglich neu erfinden" ist eine der Ideen, die Kurt Biedenkopf formuliert hat. Der ehemalige Ministerpräsident

Sachsens und jetzt im Alter Herausgeber von Publikationen zu einer wertegetragenen und zeitgemäßen Familienpolitik, hat damit etwas angesprochen, was mich bewegt. Vielleicht ist das „neu erfinden" etwas zu hochtrabend, weil es schon herausfordernd genug ist, sich in der Familie mit ihren Ausprägungen und Eigenheiten immer wieder „neu zu finden" und Neues zuzulassen.

Das rechte Maß finden

Die Pension als neuer und mit Sicherheit letzter Lebensabschnitt lädt zur Neuentdeckung des Miteinanders ein. Dazu gehört auch, Versäumtes nachzuholen und vielleicht auch aufzuholen. Auch Äußerlichkeiten spielen dabei eine wichtige Rolle. Etwa „das Haus in Ordnung" zu bringen, also seine Wohnumgebung dort, wo es nötig ist, zu renovieren. Das haben wir gleich zu Beginn der Pension gestartet. Auch um Liegengebliebenes zu bereinigen.

Besonders positiv ausgewirkt hat sich, dass wir uns ein gemeinsames Arbeitszimmer eingerichtet haben, zugegeben: mit anfänglicher Skepsis bei mir. Ob das gut gehen kann, wenn man in einem Raum so eng zusammensitzt, weil wir ja häufig am Schreibtisch arbeiten, unterschiedliche Projekte haben, oft unsere PCs nutzen? Sind wir uns nicht zu nahe, rücken wir uns nicht zu sehr auf die Pelle? Auch für dauerhaft zusammenlebende Paare geht es darum, das richtige Maß zwischen Nähe und Distanz zu finden. Für diese Situation hat Arthur Schopenhauer das „Stachelschwein-Dilemma" beschrieben. Es ist ein pointierter, aber treffender Vergleich. Stachelschweine können gut zusammenleben, wenn sie sich im Winter einander so nahe kommen, dass sie sich wärmen, jedoch nicht so nahe kommen dürfen, dass sie sich stechen. Maßhalten ist gefragt, damit es weder zu einer einengend-überfordernden Nähe noch zu einer verletzend-abkühlenden Distanz kommt. Es geht um das rechte Maß, aus dem die Stärke einer Beziehung wächst. Dieses Maß zu finden, bei dem jeder Partner seine Eigenständigkeit leben, seine Individualität bewahren kann, ist ein ständiger Prozess, der auch im Älterwerden laufend erneuert werden muss.

Doch zurück zu unserem Arbeitszimmer. Durch diesen Umbau ist etwas Schönes eingetreten. Wir sind uns zeitlich und räumlich nahe, wie wir es in den langen Jahren unseres Berufslebens nur selten waren. Wir erleben im Blick auf die Bäume vor unseren Fenstern die Vielfalt der sich ständig verändernden Natur, den täglichen Sonnenaufgang – sofern ihn keine Wolken verdecken –, wir erleben täglich ganz einfach die Schönheit der Schöpfung. In der Tyrannei der Termine und der Verpflichtungen war oft wenig Raum für diese Erfahrungen. Was aber viel wichtiger ist: Wir haben uns viel zu sagen. Zyniker fragen: noch immer? Ja, gibt es denn das? Ja, das gibt es. Wir haben uns auch als in die Jahre gekommenes Ehepaar noch immer viel zu sagen. Wie in „alten" Tagen, als wir uns kennenlernten und uns ausmalten, wie unser Leben verlaufen könnte.

Die Beobachtung zeigt, dass es auch Paare gibt, die sich im Alter nichts mehr zu sagen haben, weil sie sich nichts mehr sagen wollen. Dazu passt ein Erlebnis, das ich nicht vergesse. Wir sind in einem Restaurant; wenige Tische sind besetzt. Herein kommt ein erfolgreicher Unternehmer mit einer etwa gleich alten Dame. Die beiden setzen sich an einen Tisch und während des mehrgängigen Abendessens reden sie fast nichts miteinander, sondern schweigen sich an. Da waren wir uns schnell einig: Da kann es sich nur um ein ebenfalls in die Jahre gekommenes Paar handeln, das, wie sich herausstellte, tatsächlich ein Ehepaar war. Doch bei denen war es mit dem Turteln vorbei, die haben sich offenbar schon alles gesagt, da herrschte nur noch Funkstille und keine Fröhlichkeit. Da leben zwei neben-, nicht miteinander. Und wollen sich nicht mehr „neu (er)finden".

Kapitel 7

DEM ENDE ENTGEGEN

Gertraude Steindl

Seinen Abschied planen

> *Das einzig Wichtige im Leben*
> *sind die Spuren der Liebe,*
> *die wir hinterlassen,*
> *wenn wir gehen.*
>
> *Albert Schweitzer*

Eigentlich mag ich den Begriff „Lebensplanung", der so häufig beschworen wird, nicht. Niemals hätte ich geplant, einmal Generalsekretärin bei einer karitativen Organisation wie der Aktion Leben zu werden, weil ich weder das Berufsbild noch den Verein kannte. Ganz sicher hätte ich auch nicht geplant, von Deutschland wieder zurück nach Österreich zu gehen, wo ich doch mit meinem Familien- und Arbeitsleben in Bonn so zufrieden war. Wer sklavisch seiner Lebensplanung folgt, kann nicht mehr offen sein für Neues, das er noch gar nicht kennt. Vor lauter Planung verbaut man sich nur allzu leicht den Blick auf das Unplanbare, auf das Überraschende im Leben, das so oft viel Schönes für uns bereithält und uns an neuen Herausforderungen wachsen lässt. Natürlich nimmt man sich vor, die Ausbildung abzuschließen, Kinder zu bekommen und vielleicht ein Haus zu bauen: Das sind alles Vorhaben, auf die wir hinarbeiten können. Ob wir sie allerdings erreichen, hängt nicht unbedingt von unserer Planung ab, sondern davon, ob uns die Zufälligkeiten des Lebens keinen Streich spielen und wir auch ein Quäntchen Glück haben. Was wir ganz und gar nicht planen können, ist unseren Tod. Er kommt zwangsläufig. Diejenigen, die ihn planen wollen und vom selbstbestimmten Sterben sprechen, meinen in Wirklichkeit etwas anderes: Nämlich, dass sie jemand tötet, d. h. die Giftspritze gibt, oder aber sie Selbstmord begehen.

Dennoch können wir nicht so tun, als lebten wir ewig. Sich beizeiten mit dem eigenen Tod auseinanderzusetzen, erleichtert den Nachkommen das Leben. Dazu gehört, in seinem Leben Ordnung herzustellen, sich beizeiten Gedanken über ein Testament zu machen und am besten mit allen Beteiligten zu besprechen, wie eine gerechte Teilung des Nachlasses aussehen könnte. Wer schon bei Lebzeiten etwas von seinem Hab und Gut verschenkt, kann die Freude seiner Nachkommen über das Geschenk miterleben. Er kann damit aber auch Verantwortung abgeben und sich selbst entlasten. Im Volksmund nennt man das „Geben mit der warmen Hand". Ein kinderloser Onkel von mir hat z. B. allen seinen Nichten und Neffen anlässlich eines runden Geburtstags völlig überraschend ein Geldgeschenk überreicht, das natürlich bei allen große Freude auslöste. Wir haben davon ein modernes bronzenes Kreuz eines Tiroler Gegenwartskünstlers gekauft, das wir uns damals sicherlich nicht geleistet hätten. Jetzt erfreuen wir uns täglich daran. Das Kreuz wird für immer mit meinem Onkel und seiner Großzügigkeit verbunden bleiben.

Das Nächste, das wir vorsorglich planen können, ist, eine Grabstelle zu erwerben, da wir keine haben, die schon in Familienbesitz ist, und eine Sterbeversicherung abzuschließen, damit unsere Nachkommen nicht die erheblichen Bestattungskosten zu tragen haben. Noch sind mein Mann und ich nicht so weit. Die Sterbeversicherung steht noch auf unserer „To-do-Liste". Worüber wir allerdings öfter sprechen, ist die Beerdigung und wie einmal unsere Grabstelle aussehen soll. Meistens fängt mein Mann damit an. Er hat sich schon immer für Friedhöfe interessiert und lässt es auch im Urlaub nicht aus, Friedhöfe zu besichtigen. Jede Kultur hat ihre eigenen Begräbnisrituale und auch die Grabstellen verraten viel von der Einstellung der Menschen gegenüber dem Tod. Wer einmal in Wien den Zentralfriedhof besuchen konnte oder im polnischen Zakopane den Künstlerfriedhof, wird staunen wie kreativ, achtungs- und liebevoll Menschen mit ihren toten Verwandten und Freunden umgehen können.

Die Zahl der Begräbnisse, zu denen wir gehen, um Abschied von uns lieb gewordenen Menschen zu nehmen, wird größer. Ob der Tod völlig überraschend und viel zu früh kam oder nach langer schwerer Krankheit als Erlösung empfunden wurde, spielt kaum eine Rolle: Der Abschiedsschmerz bleibt gleich. Am Grab stehend wird uns mit aller Deutlichkeit bewusst, dass auch wir den Weg alles Irdischen gehen werden. Wir hoffen nur, dass es nicht so bald sein möge. Was uns vom Verstorbenen bleibt, ist die freudige und liebevolle Erinnerung an den lebendigen Menschen, an die gemeinsamen Erlebnisse, an das, was uns verbunden hat. Was er zu Lebzeiten sagte oder tat, worüber er lachen oder weinen konnte und wie er uns begegnet ist: Alle diese Dinge zählen jetzt. Wenn sie bei der Zehrung bzw. dem Totenmahl mit den anderen Trauergästen ausgetauscht werden, ist es so, als ob der Verstorbene mitten unter uns säße. In Niederösterreich z. B. wird dies auch bildhaft unterstrichen: An der Speisetafel ist auch für den Verstorbenen gedeckt. Auf seinem Platz steht ein großes Foto mit einer Kerze.

Vielleicht hängt das Nachdenken meines Mannes über seinen Tod damit zusammen, dass seine Eltern schon früh gestorben sind. Tod und Abschied haben sich ihm als zum Leben gehörend nachhaltig eingeprägt. Damals war es in seinem Dorf üblich, dass der Tote noch drei Tage im Haus aufgebahrt wurde, Nachbarn und Familienmitglieder die Totenwache hielten und für ihn beteten. Von meinem Mann haben dann unsere Kinder und ich gelernt, wie tröstlich es ist, sich von einem toten Familienmitglied verabschieden zu können. Sich nicht zu fürchten, bei dem geliebten Menschen als Toten zu verweilen und für ihn zu beten, hat uns geholfen, Abschied zu nehmen und diesen Abschied auch zu begreifen. Ich hatte ursprünglich Angst davor. Als Kind habe ich die letzten krampfhaften Atemzüge meiner Großmutter im Krankenhaus miterlebt und seither verdeckte mir dieser Anblick das Bild von meiner Großmutter, das ich vorher hatte. Als dann mein Vater gestorben war, ging ich dank der Gespräche mit meinem Mann viel gefasster an sein Bett und verabschiedete mich von ihm. Was ich sah, war nicht mehr mein Vater, den ich liebte, sondern ein Körper, aus dem die Seele gewichen war. Das hat mich letztlich getröstet. In meinem Herzen blieb mein Vater lebendig und ich bin mir sicher, dass unsere Verbindung fortbesteht.

Noch sprechen mein Mann und ich weniger oft über das Ritual der Abschiedsfeier. Viel mehr bewegt uns die Frage, wie unsere Begräbnisstätte einmal gestaltet sein wird. Das schmiedeeiserne Grabkreuz seiner Eltern auf dem Dorffriedhof gefällt meinem Mann und mir. Es ist schlicht und wirkt innig: Das Zentrum des Kreuzes wird von einem Kranz von Rosen umschlossen. Die Grabsteine aus Buntsandstein, Granit oder Marmor, wie sie z. B. dort, wo ich aufgewachsen bin, üblich sind, finden wir dagegen eher einfallslos. Was nicht heißt, dass wir uns einmal ein schmiedeeisernes Kreuz auf unser Grab wünschen. Ich glaube, wir werden es noch sehr genau festlegen, wie unsere Grabstätte einmal aussehen soll.

Als meine Wiener Tante vor einigen Jahren starb, hatte sie für ihr Begräbnis vorgesorgt. Ich ging zum Bestattungsunternehmen, um zu klären, was noch zu tun sei. Da sie vor Ablauf der veranschlagten Versicherungszeit verstorben war, hatte sie für die eingezahlte Summe zu bescheidene Verfügungen für die Begräbniszeremonie bestellt. Da ich auf keinen Fall Geld zurückbekommen wollte, bestellte ich statt zwei brennenden elektrischen Kerzen vier, ließ noch ein weiteres Musikstück spielen etc. Alles hatte im Katalog einen festgesetzten Preis. Mir schaudert noch heute davor, wie kommerzialisiert und streng formalisiert die Bestattungsplanung ablief. Da war kein Platz für individuelle Wünsche, kein Platz für Kreativität geschweige denn für Emotionen. Das möchten wir für uns verhindern. Da ist es mir schon lieber, wir zerbrechen uns vorher den Kopf, damit das, was dann stattfindet, auch zu uns als Lebende gepasst hätte.

Die Frage, die mich immer wieder bewegt, ist, was wird von uns bleiben? Damit meine ich nicht materielle Güter, die wir unseren Nachkommen hinterlassen. Damit meine ich vielmehr, ob wir als Eltern unseren Kindern genug positive Lebensenergie mitgegeben haben, damit sie im Leben als aufrechte Menschen bestehen können und Zukunft haben. Welche unserer Werte werden auch bei ihnen Bestand haben? Wohin wird sich die Gesellschaft noch entwickeln? Werden unsere Enkelkinder einmal daran verzweifeln, wie wir mit unserer Umwelt und ihren natürlichen Ressourcen umgegangen sind? Wie werden künftige Generationen mit der Schuldenlast umgehen, die wir ihnen aufgetürmt haben? Keine Antwort weiß ich auch auf die Frage, ob wir diese Welt, wenn wir sie einmal verlassen, ein ganz klein wenig besser verlassen werden, als wir sie selbst vorgefunden haben.

Clemens Steindl

Jetzt naht das Ende. Unweigerlich

Tempora labuntur
tacitisque senescimus annis
et fugiunt freno
non remorante dies.

Die Zeit gleitet dahin,
wir altern unmerklich in den Jahren.
Die Tage entfliehen –
kein Zügel hält sie zurück.

Ovid, Fasti

Tief berührt bin ich immer, wenn am Schluss eines Begräbnisses eingeladen wird, für den zu beten, der als Nächster aus dem Kreis der Trauergemeinde stirbt. Das kann ich sein, das können auch meine Nächsten sein. In dieser Situation fällt mir dann die Bibelstelle ein, dass wir „weder den Tag noch die Stunde" unseres Todes kennen (vgl. Markus 24,42). Auf dem Friedhof und besonders beim Gebet für den nächsten Sterbenden wird die Gewissheit des Todes und die Endgültigkeit des Lebensendes für jeden spürbar. Und ich habe den Eindruck, dass sich in diesem Moment immer eine große Stille ausbreitet und mit besonderer Intensität gemeinsam gebetet wird. Wird doch jedem bewusst, dass man selbst der Nächste sein kann.

174

Mit zunehmendem Alter nehmen Begräbnisbe-
suche zu, mehren sich Todesanzeigen von Menschen, die man gekannt hat. Es häufen sich Situationen, die einem die eigene Endlichkeit bewusst
machen. Die Themen Tod und Sterben kommen
immer näher. Kürzlich bekamen wir eine Parte, auf
der das Lied „Komm, süßer Tod" von Johann Sebas-
tian Bach abgedruckt war:

Komm, süßer Tod, komm, sel'ge Ruh!
Komm, führe mich in Friede,
weil ich der Welt bin müde.
Ach komm, ich wart auf Dich.

Geradezu unvorstellbar ist dieser Text im Blick auf
den gesellschaftlichen Umgang mit dem Tod, wie er
sich in den letzten Jahrzehnten entwickelt hat. Als
meine Mutter starb, hatte ich, das jüngste von sieben
Kindern, gerade mit der Volksschule begonnen. Der
Tod war nicht ausgelagert, sondern die Menschen
sind – zumindest bei uns im Dorf – zu Hause gestorben und wurden bis zum Tag des Begräbnisses auch
zu Hause aufgebahrt. Der Tote gehörte zur Familie
und die Nachbarn nahmen Anteil an diesem Geschehen; Tod und Leben hatten ihr „Zuhause". Von Kindheit an konnte ich diese Erfahrung machen, die auch
etwas sehr Tröstliches hat. Den Tod als Teil des Lebens zu sehen, das war durch Jahrhunderte gelebte
Praxis, die ich auch selbst noch erlebt habe. Auch bei
meinem Vater, der starb, als ich ins Gymnasium ging.
Ebenfalls zu Hause, umgeben von seinen Kindern.

Es ist noch nicht lange her, da wollte ich eine Kirche besichtigen, die in meinem Kulturführer, der ständig im Auto mitgenommen wird, als wichtiges Kulturdenkmal beschrieben war. Es war zur Mittagszeit und die Kirche menschenleer. Vor dem Altar aber stand ein offener Sarg, in dem ein Toter lag. Ich war erst schockiert, doch dann fand ich diese Art des Abschiednehmens durch die Dorfgemeinschaft ein besonderes Zeichen des Miteinander. „Er ist von uns gegangen", heißt es dann. In einer bemerkenswerten und oft zitierten Rede des verstorbenen Apple-Gründers Steve Jobs hat er über den Tod als „die beste Erfindung des Lebens" doziert, der das „Alte beseitigt und dem Neuen einen Weg bahnt". Diese Einstellung eines Menschen, der wie wenige andere die Welt verändert hat, ist umso bemerkenswerter, als es für den Tod wenig Platz gibt in unserer konsumorientierten Gesellschaft, die überhaupt nicht gerne an das unvermeidliche Ende erinnert werden möchte. In den Medien kommt der Tod zwar vor, aber primär als gewaltsamer Tod oder als inszenierter Hype. Wenn Tod und Sterben keine öffentliche Aufmerksamkeit zuerkannt wird, werden diese Lebensabschnitte – ja! es sind Phasen des Lebens – einfach ausgeklammert.

Der Tod als vertrauter Begleiter – eines der Märchen der Brüder Grimm trägt sogar den Titel „Gevatter Tod" – wurde vom Bild des angsteinflößenden und unfassbaren Todes abgelöst. Was mit dem allgemeinen Verlust an Jenseitsvorstellungen zu tun haben dürfte. Umso überraschender ist aber, dass ein kirchliches Begräbnis auch von vielen gewollt wird, die nach außen hin mit Religion nichts zu tun haben wollten.

Es ist noch nicht lange her, da haben wir einen uns sehr nahestehenden Menschen begraben. Er hatte, wie er selbst sagte, ein erfülltes Leben trotz erheblicher körperlicher Belastungen. Und hat das, was regelbar ist, geregelt. Sein Leben verlief eher religionsfern. Dennoch gab es den Wunsch nach einem kirchlichen Begräbnis und die Bitte, dass bei den priesterlichen Abschiedsworten darauf Rücksicht genommen wird, dass die Mehrheit der Anwesenden religionslos oder religionsdistanziert lebt. Die eindringlichen Worte, die ein emeritierter Pastoraltheologe über den Sinn des Lebens fand, haben die Trauergemeinde sehr berührt und waren das Thema beim anschließenden Trauermahl. Der Prediger begründete, dass es ein sinnvolles „Danach" gibt, weil das Leben des Menschen mehr ist als das kurze Aufflackern und Vergehen eines Glühwürmchens.

Die Vorbereitung auf das unausweichliche Ende thematisiert auch der Film „Das Beste kommt zum Schluss", in dem sich zwei Menschen in einem Krankenhaus begegnen. Sie haben beide nur noch ein Jahr zu leben, lautet ihre Diagnose. Und sie beginnen ein Leben mit Humor und echter Tiefe. Dieser Film kann – vielleicht verbleibt einem noch mehr Zeit als ein Jahr – ermuntern, für sich selbst „die letzten Dinge" zu regeln. Dazu zählen auch Äußerlichkeiten, mit denen man sich auf das unvermeidliche Abschiednehmen einlässt. Etwa das Nachdenken über den Ablauf des Begräbnisses, welche Texte oder Lieder man als Lebender für die dann Trauernden aussucht. Dazu gehört auch der Erwerb eines Grabes. Ob die Einstimmung auf den Tod so weit gehen soll, dass man bereits seine eigenen Namen auf den Grabstein schreiben und nur noch das Enddatum offen lässt, muss jeder für sich entscheiden. Ich bewundere aber einen unserer Freunde, der das für sich zustande gebracht hat.

Worum es also geht, ist die Gestaltung auch der Letzt-Zeit. Für mich ganz wichtig ist, wie der Grabstein für unsere Familie ausschaut. Das ist auch ein Gesprächsthema unter uns. Es soll kein wuchtiger, erdrückender Stein sein, sondern ein Zeichen, dass das Leben in einer uns derzeit nicht zugänglichen Form weitergeht. Es soll ein Zeichen der Zuversicht sein. Dafür gibt es auch eine ganz bestimmte Vorstellung. Gräber sollen ja weniger Denkmale der Erinnerung für Dritte sein, sondern vielmehr Ausdruck seiner selbst und Zeichen der familiären Verbundenheit. Denn der Tod ist zwar Ende, aber vor allem Übergang in etwas Neues, Unbekanntes. Mit klarer Botschaft und einfühlsam hat der Vorarlberger Bildhauer Herbert Meusburger einen Kreuzweg auf den Perchtoldsdorfer Hochberg gestaltet. Meusburger geht es dabei um die sich „gegenseitig bedingenden Pole von Tod und Leben" und damit um den „Kreislauf des Lebens" und um das Freilegen der Identität „zwischen Trennen und Verbinden". Bei der letzten, der vierzehnten Station stellt er dem Betrachter die

Frage, der sich letztlich niemand entziehen kann: „Ist der Tod für mich das Tor zu einem Leben?"

Wer lebt, stirbt auch. Wer nicht lebt, stirbt nicht. Banaler und trotzdem tiefgründiger lässt sich nicht erfassen, dass der Tod zum Leben gehört, dass der Tod kommt. Irgendwann. Irgendwo. Im Kontrast zur heutigen Gesellschaft, die das Thema Tod tabuisiert, hat Friedrich Nietzsche formuliert: „Der Tod zwingt den Menschen, das Leben auszukosten." Dabei meint er nicht, dass man dem Auskosten des Lebens in der Spaßgesellschaft so viel Raum geben soll, dass Nachdenken über den Tod keinen Platz findet. Auskosten heißt, den Tod als integralen Teil des Lebens wahrzunehmen und nicht als Peinlichkeit zu empfinden, über die nicht geredet wird.

In der Phase seines Sterbens hat Johannes Paul II. vorgelebt, dass Altwerden und Sterben zum Menschsein gehören. Sein Lebensende, von den Medien aufmerksam begleitet, hat deutlich gemacht, dass Tod auch Hoffnung ist.

Abschied nehmen, loslassen, aufhören können, etwas Neues beginnen. Spätestens mit zunehmendem Alter werden diese Grunderfahrungen, diese Alltäglichkeiten menschlichen Lebens mit der Frage nach dem Sinn des Lebens, nach dem Woher und Wohin verknüpft. Oft wird der Tod mit dem Winter verglichen, unter dessen dichter Schneedecke ja nur scheinbar das Leben verschwindet, unter der sich aber in Wahrheit die Natur auf das neue Leben in einem ständigen wiederkehrenden Prozess vorbereitet. „Bald wird es schnei'n", heißt es in einem Gedicht von Friedrich Nietzsche, in dem er abschließend schreibt: „Wohl dem, der jetzt noch Heimat hat."

Stufen
von Hermann Hesse

Wie jede Blüte welkt und jede Jugend
Dem Alter weicht, blüht jede Lebensstufe,
Blüht jede Weisheit auch und jede Tugend
Zu ihrer Zeit und darf nicht ewig dauern.
Es muss das Herz bei jedem Lebensrufe
Bereit zum Abschied sein und Neubeginne,
Um sich in Tapferkeit und ohne Trauern
In andre, neue Bindungen zu geben.
Und jedem Anfang wohnt ein Zauber inne,
Der uns beschützt und der uns hilft, zu leben.

Wir sollen heiter Raum um Raum durchschreiten,
An keinem wie an einer Heimat hängen,
Der Weltgeist will nicht fesseln uns und engen,
Er will uns Stuf' um Stufe heben, weiten.
Kaum sind wir heimisch einem Lebenskreise
Und traulich eingewohnt, so droht Erschlaffen,
Nur wer bereit zu Aufbruch ist und Reise,
Mag lähmender Gewöhnung sich entraffen.

Es wird vielleicht auch noch die Todesstunde
Uns neuen Räumen jung entgegen senden,
Des Lebens Ruf an uns wird niemals enden ...
Wohlan denn, Herz, nimm Abschied und gesunde!

Aus: Hermann Hesse, Sämtliche Werke in 20 Bänden. Herausgegeben von Volker Michels. Band 10: Die Gedichte. © Suhrkamp Verlag Frankfurt am Main 2002. Alle Rechte bei und vorbehalten durch Suhrkamp Verlag Berlin.